AF358712

EMOCIONES A FLOR DE TINTA

TEBA MARTÍN SUÁREZ

EMOCIONES A FLOR DE TINTA

EXLIBRIC

ANTEQUERA 2021

TEBA MARTÍN SUÁREZ

EMOCIONES A FLOR DE TINTA

A mi madre y a mi padre.
Soy lo que soy gracias a ellos.

A Martina, mi sobrina.
Ella es mi estrella en la Tierra
y mi salvavidas en la tormenta.

A mis hermanas, Talia y Tatiana.
Ellas siempre han creído en mí.

SOBRE MÍ

Soy niña de junio. Nací en primavera, la estación de la alegría, los colores y las flores, y di bastante guerra para llegar al mundo. Tal vez ya estaba marcada por el nombre que me pondrían, relacionado con una ciudad guerrera de la antigua Grecia, Tebas, aunque con un toque personal. Si te fijas bien, mi nombre no se escribe con ese. Puede que de ahí también vengan mis rarezas. Yo siempre digo que me marcaron al nacer y así soy.

Me gusta mi nombre y lo que representa. Sé de lucha, de batallas y de guerras en la vida. La suerte, al igual que el éxito y la fortaleza, no se regalan, se tienen que trabajar, se tienen que luchar; yo de esto último sí que sé.

Soy niña de junio y desde muy pequeña me inventaba historias, creaba mundos imaginarios y hasta tenía un amigo robot. Desde que aprendí a leer me interesé por los libros, y mis primeros regalos en forma de letras fueron una versión infantil de *El Quijote*, *El principito* y *Mujercitas*. De este último tenía predilección por la independiente, audaz y apasionada de la escritura Jo March, cómo no.

Durante años fui hija única, pero estar a solas no me aburría; mi madre siempre ha dicho que soy muy soñadora, que tengo mucha imaginación y que vivía en mi mundo particular.

«¿Qué luna había cuando nació esta niña?», decían. Y, ¿sabes qué contesto yo ahora? «El día que yo nací la luna estaba menguante. Era la sonrisa del gato de *Alicia en el país de las maravillas*».

Ya en mi adolescencia descubrí que mi otra pasión era la música. Me pasaba horas escuchando, «leyendo» y traduciendo las canciones en inglés. Con ello desarrollé el gusto por la escritura.

Mis libretas y carpetas estaban llenas de palabras y frases que me gustaban o que yo misma escribía. Acabé estudiando filología porque adoro la literatura y las letras. He de decir que, hoy por hoy, nunca he dejado de aprender y vivo con mente de estudiante, porque mi curiosidad a mí no me matará, como al gato, sino que me dará más vida.

Ya en la madurez, retomé eso de escribir lo que me pasaba por la cabeza, sobre todo, en los momentos en el que todo mi mundo giró y me cambió el guion. Tocaba ser fuerte por una serie de sucesos que se compincharon para explotar a la vez, y también lidiar con una disfonía que, a veces, hace acto de presencia en mi vida.

A partir de ese momento me prometí compartir contigo parte de todo lo que había escrito, y, si algo de lo que te cuento puede ayudarte, inspirarte o, simplemente, hacerte desconectar del mundanal ruido, para mí será una satisfacción tan grande que me colmará de felicidad.

He aprendido a «leer a la vida» y, ahora, a escribir sobre ella. Y antes de que empieces a adentrarte en mi universo quería darte las gracias. Sí, «es de bien nacida ser agradecida», así que… ¡Gracias por leerme!

Te invito a que entres dentro de mi baúl de letras, de mi mundo de palabras. En este libro hay mucho de mí, de experiencias ajenas que han compartido conmigo y, cómo no, de mi lado creativo cuando las musas, generosas, me visitan. Escribir es mi terapia, mi voz en el silencio, mi compañía en la soledad, mi manera de transmitir emoción, mi forma de expresión y mi pasión en la vida. ¿Me acompañas?

«Escribir es un descubrimiento diario a través de la palabra, y la palabra es lo más bello que se ha creado, es lo más importante de todo lo que tenemos los seres humanos. La palabra es lo que nos salva».

Ana María Matute

«Para lograr grandes cosas no solo debemos actuar, sino también soñar, no solo planear, sino también creer».

Virginia Woolf

«Una palabra, tras otra palabra, tras otra palabra es poder».

Margaret Atwood

Sé hablar por escrito

Mi voz es la pluma.
Mi latido, la tinta, y, como testigo, el papel.

Tengo emociones a flor de piel que plasmo en una hoja en blanco. Tengo un sueño entre los dedos y mi corazón se expande al cargarse de tinta en su sístole, y deja que me relaje en su diástole. Su movimiento me prepara para compartir contigo lo que la emoción me susurra al oído, lo que me eriza la piel, y te cuento historias que mi alma guarda con mimo.

Sé hablar por escrito y traducir silencios.
He ahogado penas en suspiros y letras.

Ahora riego sueños y alegrías en vino blanco en el estío y en tinto cuando estoy a solas o cuando hace frío.

He decidido no ser cero a la izquierda, sino aportar algo de emoción a tus ratitos de lectura o hacerte compañía, a través de pensamientos compartidos y algo de calor con mis letras.

Soy adicta a la cafeína y la convierto en escritos cuando cae la noche o vienen las musas de visita.

Vacío el cargador de emociones, esas que esperan ser liberadas, y entre la música que me nace del corazón, sonrisas de ilusión, lágrimas de tristeza, algo de melancolía, mis premios o mis balas se transforman por escrito en palabras.

He borrado el «ojalá» de mi vocabulario; es un aguafiestas, la espera inútil que te deja en el sillón y no liga con la acción.

El «así será» pasa a tomar su lugar y el «aquí está» cuando toque celebrar si lo he conseguido.

Y, si estás leyendo esto, es que eso ha ocurrido.

Me gusta escribir

Me gusta escribir y lo hago porque es una necesidad plasmar con letras lo que llevo dentro; lo que llevo detrás.

Escribo cuando tengo miedo o voy a llorar, escribo para no olvidar; escribo cuando quiero y no puedo o no debo hablar.

Escribo en «voz baja» para que no sepas lo que siento y no escuches, entre lágrimas cayendo, mis lamentos.

Escribo cuando quiero gritar y me tengo que desahogar.

Escribo cuando algo o cuando alguien me eriza la piel o me hace temblar.

Escribo cuando estoy alegre y tengo ganas de saltar.

Escribo poesía cuando mi vena tierna sale a pasear.

Escribo sobre lo que me gusta, lo que me apasiona o lo que quiero lograr; escribo para proyectar y visualizar sueños que quiero conquistar.

Escribo cuando necesito decir a las personas que quiero lo importantes que son en mi vida, ocupando cada una de ellas con su pieza de puzle su lugar.

Te escribo cuando estás triste para ayudarte a levantar.

Te escribo cosas bonitas en tu cumpleaños, en una nota cualquier día, o en una postal por Navidad.

Escribo para entretener a los monstruos, esos que todos tenemos y al circo hay que llevar para que nos dejen descansar.

He escrito cosas en mi vida que jamás nadie leerá. He escrito a alguien y nunca lo sabrá.

«Escribir sobre las cosas me ha permitido soportarlas».
Charles Bukowski

¿Hablamos?

Comunicar, expresar, conversar, charlar, hablar…

Todos hablamos, pero no todos decimos cosas; importantes, interesantes, congruentes, con razón, con corazón.

Hay gente que habla mucho pero no dice nada. Otros hablan y hablan, pero sus actos desmienten sus palabras. Algunos tienen preparados discursos estrategas, aprendidos de memoria para lograr conquistar a un interlocutor ingenuo que les escuche y convertirlo en su presa.

¡Cuidado con estos! Se multiplican en esta selva llamada sociedad.

Hay gente que se sienta y habla sin parar de los demás. Eso es aún peor, así que conmigo saben que no cuentan. No me interesa envenenarme la lengua ni recrear la paja en el ojo ajeno.

Hay personas que hablan poco, no dicen todo lo que quieren o lo que sienten. Puede ser por timidez, precaución, miedo o inseguridad; por el motivo que sea. Puede que simplemente sean personas reservadas y eso es de respetar. No las fuerces, dales su tiempo y ya compartirán si quieren; en su derecho están.

Yo me quedo con aquellas que hablan y transmiten, que tienen discursos interesantes, se expresan libremente y, sobre todo, con las que «dicen» todo con la mirada. Sí, no hay nada como la presencia. Una conversación cara a cara es más rica y real. Nada se puede medir y todo es espontáneo y natural. La risa, el enojo, el llanto y, hasta si existe, la tensión sexual.

No hay nada que sea más revelador que el lenguaje no verbal. Hay miradas que alertan, que lloran, sonríen, que ruborizan, que sonrojan.

El tacto es el lenguaje de la piel. Hay manos que te pueden helar si te tocan, otras te hacen arder. En la espalda aportan fuerza, un apretón de mano contra mano transmite confianza; en las mejillas, calidez y dulzura; en el pelo, intimidad o ternura.

La comunicación es esencial en nuestra vida. Yo no puedo ser sin expresar, y, con el permiso de la palabra hablada, he de añadir la fuerza comunicativa de la palabra escrita.

Yo sé hablar por escrito, sé compartir pensamientos. Escribo sobre cosas que nunca he dicho y sobre otras que nadie leerá jamás. Sé escribir y expresar «entre líneas», pero… no te lo cuento todo; solo leerás lo que yo quiero.

He de decir que valgo más por lo que callo que por lo que cuento.

¿Qué sería de la vida si no guardáramos algunos secretos?

Ahora

Ahora es el momento,
para todo lo que te dicta la mente,
para todo lo que pida el cuerpo.

Ahora es el momento
de reír o llorar,
de salir o entrar,
de correr o sentarse a meditar,
de leer y música escuchar,
de cortarte el pelo,
de tatuarte,
de cantar y saltar,
de pintar, de…
de lo que siempre quieres y nunca haces.
Ahora es el momento.

No te pares, no te frenes.
Lo que llega y lo que se va
ha elegido el momento,
ha decidido el instante perfecto,
por lo que…
sigue adelante, porque ahora es el momento.

No permitas que las mentes grises
(y no, no me refiero a las que portan intelecto)
y las nubes negras
den aliento a tus miedos.

Déjalos que hablen,
déjalos que salgan,
pero ten palabras, fuerza y templanza
para rebatir sus argumentos.

Tus sueños son seguidos
como ondas que emite un sonido.
Tus deseos son mensajes a las estrellas,
siempre y cuando tomes acción,
y seas quien los entregue
a través de un mensaje en una botella,
una postal o carta certificada.
Debes ser tú quien escriba
y lleve su deseo sellado
con posdata a ese universo.

Ahora es el momento.
¿Qué importa la edad que tengas?
Nadie tiene derecho a juzgarte,
porque eres tú quien decide sus tiempos.

Somos energía,
y todo lo que hagas vibrar en tu día a día
es lo que te tocará bailar
en algún momento en esta vida.

El silencio es un idioma

El silencio puede hablar, puede gritar(te) muy fuerte. A veces, dice mucho más que las palabras, y te lo dice alguien que las adora.

El silencio porta mensajes ocultos y pensamientos en voz baja; siempre he pensado que es un idioma que no siempre sabemos descifrar.

A veces, el silencio trata de hablarte a ti mismo, intenta abrazar tu oscuridad, en días malos, en madrugadas de sábado o en tardes de domingo.

En el silencio más absoluto mantenemos cosas que no queremos decir, que no debemos, que no podemos contar.

La sinceridad es una virtud que me gusta cultivar, pero de manera congruente: la sinceridad sin respeto, sin empatía, sin filtros no sería tal. En ese caso, nos encontraríamos con un sincericidio en toda regla, y no, no es cuestión de llenarse la boca y reventar el oído del prójimo portando la bandera de la mala y falsa honestidad.

A veces, el silencio se convierte en mi grata compañía. Ser sociable no está reñido con el gusto por la soledad. No soy sin mi espacio, no soy sin mi tiempo, sin mis momentos de lectura, sin mi ocio no compartido. Todo eso me hace conocerme mejor, crecer. Todo eso me hace feliz y es parte de mi esencia.

Sí, la esencia, todos la tenemos, es lo que nos hace diferentes a los demás.

Nunca debes disfrazarla, nunca dejes de tenerla, nunca permitas que intenten detenerla.

Hashtag yo. #yo

En la era de la tecnología, la inmediatez en los mensajes, los «visto» y la «última conexión»; en la era de los «me gusta» virtuales sin significado trascendental; en la era de los corazones, pulgares hacia arriba y *hashtag* con historias condensadas, hace falta pasar tiempo real con las personas que quieres: tiempo «en línea», cara a cara.

En la era de la comunicación virtual y a distancia, sea corta o larga, a mí me sigue gustando tener «ojos en línea», frente a frente. La mirada, la boca, la sonrisa, la voz. Su tono, su musicalidad, su timidez o atrevimiento. Su carcajada o su quiebro al hablar, su sonido tras el llanto, el matiz de su emoción al expresar.

El tacto, coger una mano o tocar una mejilla, dar un beso, un abrazo, compartir un silencio. Todo eso es real y no miente.

Aunque vivamos al trote o siempre corriendo, como apagando fuegos, aunque nos falten horas, siempre habrá un momento adecuado para dedicarte a ti y a los que quieres. No perdamos esa bonita costumbre de decir «¡qué alegría verte!», que no de leerte. No perdamos esa bonita costumbre de estar en un mundo real.

El mundo virtual existe, la era digital nos aporta mucho, es algo maravilloso y ha venido para quedarse, pero no podemos dejar que supere a la vida que conocemos: la terrenal.

Un encuentro real, ya solo por su calidad, jamás podrá ser sustituido por uno virtual.

Las lágrimas sin pixelar, las sonrisas que no se congelan, los besos que provienen de los labios que no son parte de los GIF.

Las miradas que te piden un abrazo, las que dirigen sus ojos hacia todos lados, sin quedarse en un punto exacto y, por ello, sabes que algo pasa o te intentan mentir.

Las manos que te rozan, los dedos que se deslizan por el pelo. Las cosquillas, los guiños de ojos y que se sonrojen las mejillas.

Por suerte, siempre nos quedarán un café o una copa de vino pendientes.

Por suerte, siempre tendremos la necesidad de mirarnos, tocarnos y darnos luz: somos energía y hay personas con las que nos recargamos mutuamente.

Por suerte, siempre necesitaremos ese calor humano y esa energía vital.

Por suerte, siempre tendré ganas de verte y, aunque parezca raro en mí, no de leerte.

Soy y siento

Soy menuda, tengo los brazos y los pies pequeños, pero sé moverme de tal forma que me adapto e incluso me mimetizo para pasar desapercibida con la tormenta, ya sea de lluvia, viento o marea. La única manera de avanzar es presentar tus respetos, escuchar y aprender las lecciones que te muestran en cada momento.

Yo siempre me levanto, siempre salgo a flote; todo es cuestión de tiempo.

Puedo medirme y descifrar mi estado de ánimo a través de la música. Puedo vibrar, puedo reír o llorar. No soy sin ella, no soy sin letra.

Déjame ser, en mi espacio vital. Déjame respirar. Yo tarareo, leo, canto y bailo en él. Para algunos, ese espacio necesario solo tiene centímetros; para otros, algunos metros. ¿Yo? Yo necesito todo un salón de baile, con el techo alto y un suelo que no impida que me deslice por él. Si me dejas ser, podré en algún momento invitarte a mi baile, podrás descubrir la dulzura que guardo en mi alma independiente.

Si me dejas respirar mi cuota de oxígeno, podrás comprobar que también tengo un corazón que se enamora, que late y que me hace perder el aliento; una cosa no está reñida con la otra. No me gustan los apegos, pero sí soy de conexiones, y créeme: los sentimientos sanos y verdaderos nacen de la conexión, el respeto de espacios y de la esencia de la otra persona.

Dicen que a los locos siempre nos podrán pillar bailando. Yo debo ser uno de ellos.

Así que… ¿bailamos?

Pisando fuerte

Ella sabía que había dos formas de andar por la vida: ir de puntillas, cediendo el paso o como pidiendo permiso, o dejando su huella.

Se calzó, se levantó y pisó con todas sus fuerzas, y, aunque el miedo le susurrara al oído, empezó de nuevo.

Alguna vez, por confianza, se ha caído de alguna parra, pero no te equivoques, porque nunca le ha gustado irse por las ramas.

Partes del pasado pertenecen ya a un carrete velado. En el presente sigue en lucha, y el futuro ya se pinta de amarillo, color de luz y energía, color del sol y de estrellas; color de personas bonitas. Como dice Albert Espinosa: «Los Amarillos son las personas que dan sentido a nuestra vida que se sitúan entre el amor y la amistad».

Ella cree en las palabras bien colocadas, sabiamente escogidas, y en su poder de transformar mentes, ideas y guiones de vida. Aprendió que el día que plantas la semilla no es en el que puedes comer el fruto. El truco está en el cuidado y el tiempo que te tomas en regarlas; lo que no mimas ya sabes que muere. Ha conocido, por fin, la templanza, y ha sabido hacerla mantra.

Ha reconocido que no se puede ir por la vida con la prisa a cuestas ni apagando fuegos 24/7; se puede con todo, pero no con todo a la vez, o, a veces, hay cosas con las que no se puede, y no pasa nada, eso está bien.

Cree en el dar sin esperar nada a cambio y lo practica, pero ha aprendido a no escuchar a quien reclama de todo pero nada da.

Lorca diría: «Verde que te quiero verde, verde viento, verdes ramas».

Ella te quiere, vida, te quiere verde esperanza. Te quiere rojo pasión, blanco alma pura, naranja entusiasta, malva sororidad y negro misterio. Te quiere marrón tierra fértil, azul mar y celeste cielo.

Te quiere gris para aprender a salir de los absolutos, del todo o nada, reconocer que no está mal que haya matices y, de vez en cuando, poderte ver de color de rosa. ¡Claro que sí!

Y ahí está ahora, pintando de blanco las paredes, abriendo ventanas, aireando pensamientos, comenzando a canturrear un poco, bailando todo lo que puede, y botella de vino en noches de viernes mientras escribe notas, pensamientos y secretos.

Lo que no cuenta, lo escribe; lo que piensa, lo sueña; lo que quiere… Bueno, eso ya es un secreto.

Romperse

¿Quién te ha dicho que no puedes romperte?

¿Quién dice que no debes llorar?

No hagas caso a los intolerantes y cobardes emocionales.

No escuches palabras de los que aconsejan de todo y de nada saben.

Si la ocasión, el acontecer de la vida, si tu alma y corazón lo requieren: ¡rómpete! Si el drama te resquebraja el cuerpo y deja en carta de ajuste tu mente: ¡rómpete!

A partir de este momento, todo puede suceder.

La práctica japonesa Kintsugi plantea que las roturas y reparaciones forman parte de la historia de un objeto y deben mostrarse en vez de ocultarse.

Este arte repara las fracturas de la cerámica con resina de oro. Con ello, quieren poner de manifiesto que las cicatrices embellecen al objeto, y que, a veces, los defectos son más grandes que las virtudes.

Creo que somos lo que vivimos, y las heridas de guerra nos recuerdan que en algún momento hemos sido valientes.

Caminé por un campo plagado de minas, de procedencias diferentes, y decidí detonarlas de una vez. Caí y no precisamente de pie, pero me he sublevado y procuré ordenar mis piezas de una forma diferente.

Ahora, después del caos, después de unir mil pedacitos, he conseguido ser una mejor versión de mí.

Cerré los ojos y tuve la sensación de estar filmando un presente, que es lo que importa en este momento, teniendo en cuenta de que el pasado ya ha sido filtrado por una intencionada memoria selectiva, y estar preparada para lo que vendrá.

No se trata de morir, sino de vivir en el intento, de levantarse y crecer.

No se trata de no tener miedos, yo los tengo, como todos; se trata de hablar con ellos.

No se trata de no sentir vértigo, sino de lidiar cual funambulista de este circo de vida, aunque estés en la cuerda floja. Si lloras o te partes en mil, significa que estás vivo, pero de verdad.

No me place pasar una vida anestesiada y plantada en el mismo lugar para evitar la rotura o no sentir. No soy estatua. No tengo un corazón de piedra ni alma de mármol.

Yo, con el permiso de la cultura japonesa, prefiero cambiar la resina de oro por plata. Según la colorimetría, soy fría intensa y el dorado no le sienta bien a mi luz.

Quiero sentir la vida a flor de piel, con sus más y sus menos.

¿La última mina que he detonado? Aprender a no volver a perder la voz, de forma metafórica y, también, literalmente hablando. La disfonía suele causar en mí estragos momentáneos.

A solas, con mis piezas colocadas con más imaginación ya no solo bailo.

A veces, en voz baja y sin público, canto una canción.

Juro (ante un papel)

Ante un papel en blanco juro decir la verdad,
toda la verdad
y nada más que la verdad.
Pero hacerlo por escrito duele más.

Comienzo a notar un calor por mis mejillas.
Se desata la agonía, se produce la avería.
Un goteo constante comienza a nublar mi vista,
por una lluvia nacida de una traición
a causa de una fe ciega.

Ya no puedo parar.
Ya no puedo expresar.
Ya no te puedo mirar.

Juro decir la verdad,
toda la verdad
y nada más que la verdad
ante un diario en blanco
que en una granada de mano se convertirá.

Migajas

Dícese de lo que siembran los pulgarcitos del amor.

Dícese de lo que da hambre,
pero no da de comer.
De lo que despierta el apetito,
pero no sacia.
Regalo de saldo, de oferta barata.

Restos de un amor mal curado,
un tiempo caduco y un aire contaminado.

Dícese de lo que te hace querer otro menú,
dado que ese es insano;
tiene la fecha caduca, no nutre,
ni siquiera aporta la vitamina
que da alegría en la vida.

Dícese de lo que a ti te sobra, pero a mí
no me hace falta.

Dícese de lo que antes recogía del suelo
y ahora piso sin bajar la mirada.

Carrera contra el tiempo

Puse el cronómetro a cero, pero retrasé la hora del reloj. Quería que vinieras por ti mismo, quería que llegaras a tiempo, te dejé ese margen, pero ¿sabes qué? Tus dudas y mis prioridades no están en el mismo contexto ni en el mismo espacio y tiempo.

Si tú no ves lo que yo veo, si te demoras, si no vas a intentar llegar a tiempo, no me busques. Yo habré llegado a la meta y no estaré esperándote tras ella.

Pondré una vez más el cuentakilómetros a cero para empezar de nuevo, pero en otra carrera, en otro momento, y déjame decirte que aquí lo importante no es participar.

Pasado

El pasado no mueve.

El pasado no paga.

El pasado es como una cortina desteñida, con el bajo descosido y costuras vencidas. El pasado es ir en dirección contraria.

No ilumina tu camino, sino que apaga la luz, para que pierdas el equilibrio, desciendas y caigas.

El pasado trae más pesadillas que sueños, es como un fechillo atascado; puede chirriar, como las bisagras de una puerta desvencijada.

El pasado no te aportará respuestas, todo lo contrario: querrá contrariarte con más dudas

El pasado que te hace tropezar creará en ti una nueva herida, o te abrirá esa que tenías oculta, que creías curada, que creías vencida.

El pasado no mueve, el pasado no paga, pero sí que te crea una deuda eterna si no sabes pasar página.

Llaves

Queremos cerrar ciclos y pasar página como si llegásemos tarde a un encuentro, a toda prisa, sin aliento.

Queremos borrar el dolor y la emoción que ya sabemos que nos producirán los recuerdos.

El problema es que nos quedamos dentro, y ¿sabes qué ocurre? Damos el poder al otro de cerrar la puerta…

…dejando la llave por fuera.

Para siempre

El «para toda la vida» puede ser un infinito «para siempre», hasta criar malvas, convertirte en polvo o bañar, en secreto, alguna orilla.

El «para siempre» puede durar lo que tarda en deshojarse una margarita, marchitarse una orquídea, vaciarse de lágrimas de lluvia una nube o en desvestirse la luna en la noche para dejar salir al sol en un nuevo día.

Don de gentes

Siempre me ha hecho pensar la expresión «tiene don de gentes».

Yo prefiero matizarlo y decir que hablamos de tener «don de personas». De la gente puedo pasar, pero de las personas no puedo prescindir.

No es lo mismo, no.

Soy más que piel

Soy más que piel, soy algo más que eso, algo más que besos, algo más que sexo.

Soy suave al tacto y puedes erizar mi piel.

Soy víscera, pasión y deseo, pero también soy intelecto, palabra y pensamiento.

Soy sentimiento, soy mirada, soy retina, soy impresión.

Soy vida, soy tiempo; sí, ese que contigo no pienso seguir perdiendo cada momento, una y otra vez, y de nuevo, una y otra vez.

No soy opción: soy elección.

No soy postre dos días de calendario, sino menú completo veinticuatro horas los siete días de la semana.

No soy serpiente venenosa que te devora, pero, si me arrepiento, si me equivoco, soy de las que muda y restaura la piel sin ayuda. Lo hago a solas.

Soy más que piel, y si me la juegas tengo reverso y me convierto en un hueso duro de roer. Soy luz, soy alma, soy fuerza y corazón.

Soy ganas de todo, y nada ni nadie me arrebatará eso.

Comienzos

Me miras.
Te veo.
Me sonríes,
me sonrojo.
Pestañeo.

Te acercas.
Me muero.

Me rozas la mano
y me tiemblan los dedos.
Mis pecas bailan,
los pies ladeo.

Me saludas.
Te contesto,
titubeo…

«Ya me iba».

Tú lo has dicho:
verbo «ir» en pretérito.

Sed

Tengo sed.
Tengo sed de sencillez,
de sinceridad.
Tengo sed de humildad.
Tengo sed de personas honestas
y de corazones sin disfraz.
Tengo sed de todo eso
y me quiero saciar,
pero para lograrlo necesitaría
todo un manantial.

Estoy saturada de estrategias banales,
de halagos baratos.
Estoy intoxicada de los que gustan
de corazones de recambio y palabras florero.

Ardemos en un momento,
nos dejamos llevar
y amanecemos como pólvora
tras lluvia de un gran temporal:
inerte, sin mecha,
sin posibilidad de prender una chispa,
sin vida, sin nada.

Todo lo dicho ¿dónde está?
Se desvanece, se empapa de mortalidad,
desaparece, y en un momento
sentenciamos a muerte
una relación sin comenzar.

Fragilidad

¿Frágil yo?

Si me quité el escudo y te mostré mi corazón…

Me presenté ante ti con el pecho descubierto y el pelo revuelto, la cara lavada y la mirada limpia. Con las manos abiertas y las palmas boca arriba, sin trucos baratos, artificios, ni ornamentos.

Solo era yo, en toda mi esencia, con todo mi ser.

¿Tú?

Lo único que hiciste fue lidiar contra todo, luchar por no caer rendido a la emoción que te provocaba mi mirada, a la sensación que te producía el tacto de mi piel.

Sonreías distraído, para no darme importancia, deseando que se te pasara esa vez. Dejaste que hablaran tus miedos y ellos dictaron sentencia por ti.

Yo, en cambio, me quité el escudo, te mostré mi corazón y me presenté ante ti a pecho descubierto, sin antídoto ni remedio, por lo que pudiese suceder si llegaba a su fin.

Y eso, amigo mío, eso es valentía a pesar de mi fragilidad.

No olvides que una bomba no deja de ser delicada, pero si la detonas, arrasa por donde pasa.

Procrastinar

Tenemos esa maldita costumbre de procrastinar en el amor, como si no fuera un lujo gastar el tiempo, como si no perdiéramos nada al hacerlo.

¿No lo ves? ¡No somos eternos!

¡No tenemos oportunidades como vidas tienen los gatos!

Piénsalo.

Desastres

Fuimos expertos
en extraviar los papeles
y perder el norte.

En beber chupitos de tequila
en vasos agrietados
que cortan por el borde.

En prender velas
y quemar el salón.

Fuimos carne de cañón
en soledad o en días de fiesta,
narcotizados de amor en las noches en vela.

Cortamos fuegos
tras prender nosotros mismos la hoguera.

En plena tormenta de lluvia
o de marea revuelta,
intentando no naufragar,
tú fuiste pirata sin tesoro
y yo sirena de voz capada.

¿Morir de amor?

Si algún día muero de amor,
será de amor propio.

Cuando no me quede nada por hacer,
cuando ya no me quede nada por decir;
cuando no me quede nada por escribir,
cuando ya no tenga nada por lo que vivir;
cuando llegue mi hora,
cuando mi misión y mi lucha lleguen a su fin.

Si algún día muero de amor,
será de amor propio.

Si crees, en algún momento, que voy a morir por ti,
puede que te vayas tú antes de este planeta.

Y te recomiendo que aguardes sentado,
porque se te hará muy larga la espera.

Existen

Existen miradas de transeúntes
que te sonríen al coincidir por las calles,
y ojos de conocidos
con miradas ya desconocidas.

Hay almas que te embriagan
como un buen vino tinto,
y otras que te embargan
como si la tuya estuviese financiada.

Existen amores que te invitan
a ver las estrellas,
y otros que te estrellan.

Hay sentidos que no tienen sentido,
emociones insalubres
y pensamientos sin cordura.

Existen corazones
que crean melodías con su latido,
y otros fríos y muertos
que nadan en formol.

Hay mentes maravillosas
con discursos que nunca aburren,
y cabezas huecas con intelectos primitivos,
lenguas largas y viperinas.

Existen manos que, cuando te tocan,
escriben un romance,
y otras que solo son capaces
de crear una elegía.

Existen batallas que merecen ser peleadas,
pero hay ocasiones
en las que es más inteligente rendirse,
para no acabar perdiendo la vida
en una guerra absurda
por el veneno de una bala.

Reiniciar

Tus dudas fueron mis piedras. Cada vez que te interrogabas o te cuestionabas el sentir, mirándome fijamente con velado desprecio. Yo, en una edad aún en que la ingenuidad iba a la par que el enamoramiento, las veía venir sin remediarlo al momento.

Me las lanzabas por tus ojos, cual villano de cuento, armado hasta la retina.

Me cubría ante ellas, defendía no tanto mi cuerpo como mi alma; ahí es donde se me marcaban los moratones inconscientes, como en mis piernas cuando era niña, y tropezaba con lo que no debía. Yo tropecé tanto con esas piedras, tan invisibles al mundo, pero tan púrpura en mi interior.

Procuré que me dañaran lo menos posible, porque era inevitable no sentir el impacto, ni sufrir el llanto interno causado por el dolor. Las fui apilando, poco a poco, preparándome, poco a poco, pero no para levantar un muro con ellas ni construir una barrera entre los dos: ¡no!, eso no sería efectivo, eso sería un error. Solo conseguiría tapar tu imagen y yo seguiría siendo capaz de sentirte cerca, rozando tu calor, sintiendo tu aliento repitiendo tu mar de dudas, en voz alta y como un cañón, disparando a discreción, una y otra vez, una y otra vez.

¡No! No me iba a mantener ahí, inmóvil, pensando, sintiendo, sufriendo. No, eso no.

Las fui colocando a mis pies, una a cada lado, formando un camino, como el que encontró Dorita en dirección hacia a Oz, y comencé a avanzar. Notaba que mejoraba mi respiración a cada paso, que el color de mis mejillas volvía a ser sano, dejando los nudos en la garganta y el malestar atrás.

Cada paso era un avance, con miedos, pero valiente. Cada paso era una salida de lo conocido y uno menos hacia lo soñado.

Pronto perdí la noción del tiempo y estaba ya tan lejos... muy lejos.

Miré hacia atrás con recelo, con algo de pesadez en los párpados, por la incertidumbre de lo que podía ver, lo que podía sentir al hacerlo.

Visualicé a lo lejos el horizonte, tranquilo, sereno, con los rayos del sol cayendo tímidamente sobre la montaña, pero descubrí que pasaba algo más importante, algo liberador. Esa revelación es que a ti al fin ya no te divisaba.

A partir de ahí comenzaste a ser una imagen borrosa en mi mente y latido inerte en mi corazón.

Kamikaze

Dicen que soy una kamikaze en el amor.

Que tiro de la anilla de la granada y lanzo bombas verbales sin asegurarme de que exista trinchera en la que resguardarme.

Que tengo la lengua tatuada de letras y la boca plagada de emoción.

Que me tiro al barro o me lanzo en paracaídas sin pensar, sin mirar.

Yo no sé ser de otra manera. Lo que no digo se me enquista, lo que siento me hace ruido por dentro si no lo dejo salir, si no lo expreso.

Si lo tengo claro, no espero a que muevan ficha: ya lo hago yo.

No me armo de estrategias ni me gusta perder el tiempo descifrando a los que intuyo, las inventan.

No soy de las que esperan sentada, ni de las que creen en discursos hechos, copiados en servilletas y sacados de manual barato.

Yo prefiero ser de las que muere en la batalla, por ir de frente, por ser sincera.

Tras el duelo, tras el polvo, resucito y afronto con más fuerza no solo el amor, sino también la vida.

Quién sabe si en algún momento, algún día, por valiente, batalla a batalla, acabe ganando la guerra.

Autoestima

Una mañana, al mirarme al espejo, mi autoestima me confesó que sin mí ella no era nada.

En un abrir y cerrar de pestañas vestí mi (im)perfecto cuerpo de amor propio; solo me hizo falta parpadear para reaccionar. Ella necesitaba mi ayuda y yo no se la iba a negar.

Desde entonces, vamos juntas de la mano, como buenas amigas, y procuramos no soltarnos, aunque tenga que lidiar con mi carácter o mis malos días.

Una mañana, al mirarme al espejo, mi autoestima me confesó que me quería y que de mí jamás se separaría.

Pase lo que pase.
Piense lo que piense.
Vaya como vaya.
Digan lo que digan.

Ser o no ser

No soy de huecos, sino de ganas.
No soy de condicionales, sino de presentes.
No borro el pasado, pero no me castigo,
no me atormento.

Se aprende de él, pero no lo destaco en flúor,
y mucho menos en negrita.

Soy de las que, si citas en un escrito,
llevo asterisco aclaratorio a pie de página
y hasta párrafo anexo o posdata dedicada.

Si vas a jugar, procura que no sea a mi costa,
sino conmigo.

Soy la que puede cambiarte las reglas del juego,
tirarte las cartas al suelo, llevarte a la bancarrota
e incluso destronarte en el tablero.

Soy la que no teme los aquelarres
y sabe arder si me condenas a la hoguera.

Soy la que no se resguarda del sol o la lluvia
bajo cualquier nube, bajo cualquier rellano,
bajo cualquier sombra ni escalera.

Soy esa chica a la que no le vale todo
y se permite siempre el lujo de ser ella.

Lluévete

Lluévete, es algo normal, es lo natural, ¿no crees?

Déjate llover, cuando pierdas el aliento, cuando algo te causa tormento, cuando no encuentres un por qué.

Lluévete para limpiarte el alma, para sanar tu mente, para aliviar a tu corazón, para calmar tu piel.

Lluévete cuando no puedas respirar y algo tóxico tengas que alejar.

La naturaleza es más sabia que el ser humano. Cuando el día se oscurece, cuando las nubes se tornan grises, cuando la noche saca su manto negro y cubre a la luna y a las estrellas, las cobija, las abraza, para que le aporten consuelo.

Se desatará la tormenta, aunque no lo quieras, pero siempre le sucederá el tiempo de calma. No te apures, todo llega.

¡Hazlo!

Déjate llover, no pienses que no es bueno, no escuches a los que no saben hacerlo, no te reprimas, no te inundes por dentro. Eso te ahoga, eso te enferma. No hay nada más placentero que la sensación de paz que te queda cuando decides hacerlo.

Lluévete y comprobarás que, cuando despeje, saldrá el arcoíris de tu interior.

Sí, todos tenemos uno. Lo que solo depende de ti es que, finalmente, se publique en tu cielo.

Grabado con tinta

Me provocas un mundo de tinta,
pero no en la piel,
sino en un papel en blanco.

Me incitas a dejarlo plasmado con palabras,
con letras, para que no desaparezcas,
para que lo efímero se vuelva eterno.

Para que queden en el recuerdo mis pensamientos,
para no terminar de olvidar(te)…

Aunque sea por un momento.
Aunque sea por un tiempo.
Aunque no sea eterno.

Fluorescente

Era como esas bombillas fluorescentes
que parpadean de noche,
en locales de ciudades que no duermen.

Esas que brillan en la oscuridad,
para llamar la atención, para hacerse ver,
que insisten en que las mires una y otra vez.

Esas que hipnotizan tus pupilas y tu mente.
Esas que pueden provocar delirio, dolor de cabeza
y hasta visiones incongruentes.

Esas que deslumbran a primera vista,
pero acaban por provocar ceguera.

Era como esas bombillas con luz fluorescente;
sí, como esa que en tu coche se refleja.

Si te encuentras con alguien así,
más te vale que le cortes la corriente
antes de que su brillo te ciegue
y cause en ti la oscuridad eterna.

Pero

Dícese de la palabra que sucede a una expresión, emoción manifiesta, idea o acción verbal, que puede tornar la alegría y la sonrisa en tristeza y llanto al ser pronunciada.

El «pero» es la palabra que te transporta a una montaña rusa emocional. Te puede hacer bajar del cielo al suelo en cuestión de segundos.

Es la palabra incompatible con el amor, es la muerte súbita a la opción, a la acción. Sin peligro de infarto, paraliza tu corazón.

El «pero» es como una losa que cae firme a tus pies, rozándote todo el cuerpo, y no puedes huir ni te puedes mover. Es la mina que explota en la autoestima y crea un incendio en ti que el otro, por suerte, no puede ver.

El «pero» es un tsunami que arrasa en una pareja; la ola que te borra del mapa sin darte oportunidad de réplica ni salvación.

El «pero» es la palabra más recurrida para velar una traición y la más conocida dentro de un discurso final en una relación.

Así que, después de esto, si me vas a querer, por favor, que sea sin peros.

Opuestos

Tú tan de levantar muros.
Yo tan de crear caminos.

Tú tan de sueños efímeros.
Yo tan de deseos eternos.

Tú tan de utopías reales.
Yo tan de imposibles por tangibles.

Tú tan de noes.
Yo tan de síes.

Tú tan de «y si…» por temor.
Yo tan de «y si no…» por retos.

Tú tan de no estar (conmigo).
Yo tan de ser (contigo).

Tú tan de peros.
Yo tan de «¡vamos!».

Tú tan de miedos.
Yo tan de riesgos.

Tú tan de niebla.
Yo tan de luz.

Tú tan de quedar(te) anclado en el mismo lugar.
Yo tan de andar caminos y hablar con claridad.

Tú tan inmóvil y de estar dormido.
Yo tan de insomnios y arriesgar en el camino.

Y llegó la hora, sonó la alarma de mi reloj.
Solo quiero decirte que, cuando despiertes,
ya me habré ido.

A donde me lleve

Brisa, aire, viento, tornado, ciclón, corriente
y, si es preciso, ¡contracorriente!

Soy brisa que te da un beso,
soy aire que te quita el aliento,
soy alma libre, corriente en un callejón.

Soy tornado si me enfado,
ventisca en días malos,
ciclón si llevo dentro de mí una revolución.

Soy salvaje, soy rebelde,
contracorriente cuando lo bueno es cambiar
no solo de sentido, sino también de dirección.

Soy de vuelos: aunque no lleve alas,
tengo destreza en el cielo cuando me disparan.

Pregúntale a Cupido; hasta él sigue errando conmigo,
aunque tenga una flecha con mi nombre grabada
y las coordenadas dirigidas hacia mi corazón.

La virtud de no dar

No me pidas que te espere.
No me digas que me quieres.
No pretendas que me doblegue ante ti cuando vienes.

No, no sientas que tengo que estar agradecida por regalarme parte de tu tiempo, como si tuviese que pedir audiencia o cita previa a tu agenda de vida ocupada; como si tuvieses que volar al espacio o salvar a una nación.

No me pidas que te guarde ausencia, ni estudiados días en horas concretas.

No soy un préstamo que pagar en fechas que tú estableces.

Te recuerdo que no he firmado contigo ningún contrato y estas letras no son factura, ni de ausencia, ni de pena por demora.

No, no soy la que estructura su vida pensando en cuando regreses.

No soy tu menú de vacaciones, ni tu plan entre horas muertas.

No soy de las que alucinan con nada y esperan ansiosa una llamada, con las llaves en la mano, el bolso colgado al hombro y las uñas pintadas.

Y tengo algo que añadir, para que lo tengas presente:

He de decirte
que no tengo ganas de nada,
pero muchas de todo.
Y tú haces de todo
para no darme ganas de nada.

Azar

A lo que jugué y perdí.
A los dados tru(n)cados.
La moneda tirada al aire en la que en las dos caras
solo había una cruz.

A las cartas bajo mesa, boca abajo, o con señales ocultas de tinta invisible a mi vista, a modo de pista en mi contra y a favor de mis adversarios en la partida del amor.

Jugué y permití que lanzaras mi corazón a falta de dados, golpeando con fuerza en la ruleta del azar, donde la apuesta siempre daba como ganador al negro, al número inexistente, al caballo perdedor sin herradura de la suerte.

Nunca tuve trébol de cuatro hojas, ni cupones premiados. Las equis de las quinielas fueron marcadas a modo de sentencia o sanción, no de pasión.

Los boletos de sorteos caducados, rifas sin regalo, concursos finalizados por falta de audiencia y motivación.

Apostar por ti fue como perder el corazón ante la muerte de la emoción sin posibilidad de resurrección.

Apostar por ti fue perder sin haber jugado.

Resiliencia

Hubo un tiempo en el que estuvo rota.

Se cortaba a sí misma, con los trozos esparcidos por el suelo del salón tras la explosión.

Le pesaba el cuerpo después de recibir una puñalada a traición en el costado izquierdo. En sus oídos retumbaba la voz del que ya, en ese instante, se convertiría en su adversario.

Decidió intentar andar a pesar de los cortes; a pesar de los brotes rosados en la piel; a pesar de la sangre caliente y el pecho a punto de congelarse o desaparecer.

Tuvo tiempo de sacar algo de cordura, para no morir de pena en ese preciso momento.

Colgó el cartel de cerrado en el teatro de la vida. Ya había vendido todas las entradas al mejor postor, que resultó no tener saldo, que con el tiempo reveló ser un impostor.

Hubo un tiempo que se escondía tras sus flecos, su mirada al suelo y gafas de sol.

Llevó mucho tiempo la pena tatuada en el alma, los palos de la vida en el cuerpo.

Nunca la decepción, la enfermedad o el desamor tuvieron educación.

Nunca han llamado a la puerta, nunca han pedido permiso. Entran en tu vida sin invitación y con la maleta llena.

Hubo un tiempo en el que estuvo en guerra, pero la vida decidió darle una tregua: por su temperamento, su fuerza, su bondad y su ilusión.

—Firma mi salvoconducto, que voy a convertir este infierno en mi propio cielo —le pidió a su destino.

Volvió a abrir el telón, a tener historias nuevas y butacas para ocupar, para compartir, en este teatro que es la vida; a veces tan triste, a veces tan mezquina; a veces tan espléndida; a veces tan maravillosa; a veces tan intensa y me atrevería a decir que hasta divina.

Ya no

Ya no barrita el elefante que habita tatuado en mi piel.

Ya no me imagino danzando en tu mirada, dando pasos de puntillas, avanzando por tus pestañas, como si fueran teclas de piano y una imponente melodía creara.

Ya no comparto contigo una carta de buena tasca, ni manjares, vino tinto, ni el polvo del tiramisú que se queda besando mis labios después de la velada.

No, ya no.

Preferiría quedarme inmóvil mirando inútilmente la caduca y aburrida carta de ajuste de los ochenta.

Ya mis estrellas no guían mi mano diestra para escribirte poemas, para volverte inmortal con mis letras.

Ya no pospongo cinco minutos el despertador para quedarme junto a ti un ratito, para coger aliento, sobre todo los días que me despierto en guerra conmigo.

Ya no te busco entre la muchedumbre, como un pirata tras un tesoro. Ya no te hallo en mis noches en vela.

Ya no me viene a la mente tu nombre, cuando aún sin anochecer miro al cielo y veo la luna.

Con prisas, ella siempre esperaba poder salir, y alumbrarnos cuando nos sentábamos en cualquier lugar, abrazados a su luz, con su sonrisa de gato o bajo su mágica esfera.

Ya no suenas en melodías ni te leo en mis canciones favoritas.

Ya no, a tus dedos despeinando mi pelo, colocándome el flequillo.

Ya no al *cafuné*[1].

Ya no quiero dormitorios a cuarenta grados ni salones de invierno bajo cero donde compartimos el calor que nos brindaba una manta y una copa de vino.

Ya no abro mi armario, ni acudo a mi cajón, para crear la magia que te provocaba el encaje de mi ropa interior.

Ya no a nada.
Ya no puedo.
Ya no quiero.
Me lo debo.

---

1   Palabra portuguesa que se refiere al acto de acariciar la cabeza o el pelo de alguien con intención de adormecerlo.

Domingos

El domingo es tan simple como un puzle de dos piezas. Somos nosotros los que nos empeñamos en dividirlo en mil y una, como las noches que pasamos con la mente de cuento en cuento, estando en vela, para no dormir, mirando la luna, aunque sea nueva, aunque esté oscura… aunque no se vea.

Nos metemos para resguardarnos en una trinchera imaginaria, en una guerra sin armas ni soldados, en la que nosotros mismos somos el único enemigo al mando.

Nos bombardeamos por tierra, mar y aire para rompernos la cabeza, encajando momentos, pensamientos recurrentes, emociones y nuestros propios miedos.

El domingo es el día en que la mente no descansa.

Nos encargamos de hacerlo nostalgia, de teñirlo de anhelos. Es el día en el que abrimos una ventana a la duda, a la indecisión, a la página del diario que no queremos leer en otra ocasión.

Las ideas surgen a la vuelta de la esquina, se vuelven maraña y se adentran en nuestra mente.

Se congelan para no moverse. Nublan la vista y se hacen escarcha en el pelo, carámbano en primavera, que no logra fundirse ni cuando llega el estío.

Intento anestesiarlas, entretenerlas con paseos por la playa y baños de sal en el verano. Con respirar en plena naturaleza, con libros y música, con incienso y velas.

Las ahogo en café, las embriago en alcohol, pero no, las ideas recurrentes del domingo siempre han sido inmunes a las tentaciones.

Finalmente, decido acomodarlas, cerrando los ojos y pasando mis manos por el pelo.

Mientras Morfeo, el dios del sueño, me acoge entre sus brazos, yo imagino despierta lo que soñaré dormida.

El karma

La venganza se sirve en tinta y papel.

El karma se cobra en forma de letras, esas que en poco tiempo se te clavan y se oxidan en la conciencia.

La nostalgia se manifiesta en forma de canción y los recuerdos resuenan en la mente como melodías que nunca tienen fin.

El arrepentimiento cobra vida en forma de piedra que cae sobre tu cabeza, sobre tu tejado, y cuídate de que no se convierta en tu propia losa.

Todo lo que en la vida hagas, todo lo que al prójimo le desees y todo lo que en el huerto siembres, te lo servirán en bandeja.

Signos

Tú me dejaste en puntos suspensivos y yo tuve que darte un provisional punto y aparte.

Vi salir de tus ojos un signo de interrogación, cuando yo solo sonreí y te guiñé uno de los míos con un punto y coma.

Yo quise enmarcarte en mi paréntesis, en las líneas curvas que forman mis mejillas pecosas, cuando algo me agrada, cuando estoy alegre, cuando inevitablemente río y quiero que estés presente.

Yo, que quería ser tu diez en una escala que empieza en el cero, pero no recordé que la tuya está congelada y comienza a contar bajo cero; ignora por completo lo que es ser de diez.

Yo, que escribía en mayúsculas tu nombre para darle énfasis y te destacaba entre signos de exclamación. Tú, sin embargo, me marcaste con un asterisco en tu calendario, pasando a ser así tu casilla de hueco libre un mes sí y otro no.

Tú, de pronto, un día te fijaste en mi buena puntuación, en lo importante de mis letras y mi expresión. Un día entendiste la metáfora de la vida, que era como yo te hablaba y quisiste que te destacara dentro de mi inspiración.

Tú, que pudiste ser relato, ser poema, ser novela… te quedaste en una idea de borrador, en palabras ya olvidadas y vacías, de contenido y forma.

Y llegó el día, ese en el que tomé una decisión: ponerte un punto final en una historia para olvidar.

Arranqué al momento la página y me deshice de ella sin pensar.

De esa forma, ya no existirías en mi vida, nunca más.

Cómo reparar un corazón

Tendrás la piel hecha jirones y un hueco profundo en el pecho que sangra a borbotones. Comprueba antes de sacarlo que aún late y extráelo, poco a poco, con sumo cuidado, poco a poco.

No lo cubras con tiritas, no lo envuelvas en vendajes; eso solo son parches momentáneos; eso lo infecta; eso lo enferma, eso solo lo irá matando lentamente en el transcurso del tiempo.

¡Déjalo! Que sangre unos minutos, que llore su tristeza. Háblale con cariño y ten algo de paciencia. No lo juzgues, no lo machaques recordando discursos de advertencias previas al desenlace. No, no lo hagas, no lo critiques. Él ya sabe cuál fue su error.

Ahora toca ayudarlo a recobrar la autoestima, pero, antes que nada, a que no se desangre, a que recupere su color.

Elige un hilo rojo y resistente, pero ¡ten cuidado! No lo confundas con ese que nos une a otras personas, ese que ya tienes en tus manos, entre tus dedos.

¡Córtalo cuanto antes! Ese es el culpable de su rotura, es el culpable de su locura, de su delirio y su dolor.

Escoge una aguja delicada para su frágil cuerpo y comienza cuidadosamente a unir sus partes, con costuras fuertes, por si alguien intenta quebrarlo, por si algo decide retarlo.

Puntada a puntada lo ayudas a recomponerse; es tu granito de arena para que recobre el aliento, para que deje atrás el tormento.

Poco a poco irá sanando, poco a poco la herida va cicatrizando. Poco a poco recupera su latido, poco a poco su propia sangre renueva la vida.

Antes de asirlo de nuevo a tu pecho, habla con él, explícale tus razones cuando no quieres querer, pero sobre todo recuerda no volver a prestarlo a quien ya te lo rompió una vez.

Lunes de tormenta

En el cielo y sobre mi cabeza, las nubes se reúnen: algo le pasa al lunes.

Están pensativas y grises durante el día; se tornan negras cuando va llegando la noche.

A mis pies, la lluvia cayendo como banda sonora del momento. Mis zapatos acaban humedecidos, como ya lo estaban mis ojos.

En un minuto, el estruendo de un trueno; metáfora de mi mente hecha sonido.

A continuación, mis ojos se cierran con el reflejo de un relámpago.

Radiografía mi interior, puede verse mi alma inundada y mi corazón latente.

Sobre mi cabeza, nubes cargadas de pensamientos fríos y emociones en tinieblas.

A mis pies, el desahogo y la resolución.

—Cuéntame —le dice la Luna al Sol, mientras este intenta hacerse un hueco entre las nubes y recoger sus tenues rayos para irse—, ¿cómo te ha ido?

Parece que el lunes no está de buen humor —añade la Luna mientras va saliendo hecha una cuna.

—Está triste. Intenta calmarlo con una nana o un cuento de buenas noches —contesta el Sol.

Sobre mi cabeza, la tormenta perfecta.

A mis pies caen mis expectativas, como la lluvia del aguacero por la alcantarilla, una tarde de lunes.

Te mudas

Te mudas.

Recoge tus pertenencias y tus sentimientos de copia y pega. El contrato ha expirado y no hay posibilidad de prórroga. Has incumplido cada uno de los puntos acordados, y no. No me corresponde ser benévola contigo.

Te mudas.

Pero no a otro habitáculo ni hueco en mi corazón. Hay rotos por los que entra la luz y eso es el principio de mi sanación. Cada vez que tu espectro se mueve dentro de él, me retuerzo y mi latido se acelera hasta un estado insano.

No te dejes la alfombra. Sí, esa en la que dejaste caer el polvo de engaños. ¿No lo recuerdas? Me provoca alergia. Puedes dejarme flores, sí. ¡Haz lo que quieras! Las ahogaré en alcohol, aunque, viniendo de ti, antes de meterlas en un jarrón estarán ya marchitas, como mis sentimientos hacia tu persona.

Eso sí, te aseguro que no habrás matado ni he dejado morir mi capacidad para amar ni para latir.

Te mudas.

Y antes de dejar la llave y cerrar la puerta, no olvides sacar tu basura.

Sobre corazones y taras

Hay corazones que no tienen memoria, cual pez que nada a contracorriente sin saber que quedará nuevamente atrapado una y otra vez en la misma red.

Hay corazones que desperdician su latido, su bombeo, su sangre y su vida, deshojando margaritas hasta el fin de sus días y, probablemente, sean de pétalos en número par por lo que les revelará un «no me quiere» de por vida. ¿No ven que están contaminando de negatividad la sangre que les da vida?

Hay corazones frustrados, que buscan a otros que aún mantienen su color, que laten sin filtros y que se conservan sanos. Cuando los conquistan, depositan en ellos lo que habita en su interior: un pozo negro en el que no cabe más insatisfacción.

Hay corazones que llevan el apego tatuado en el ADN del cuerpo que habitan. Te someten si los dejas, provocan a tus fantasmas y miedos; detonan tu lado vulnerable, despiertan tu inseguridad.

Tú te jactas de vender tu corazón como una joya que desear, como un diamante brillante y ya pulido, como el mar para un isleño cuando debe irse a un país sin costa a progresar.

Déjame decirte que no lo es. Es una joya barata de esas que compro para mi atuendo en carnaval; es un sucedáneo de finas láminas de oropel, es un símbolo del amor que se hace añicos sea cual sea su material.

Espejo, ¡eso es!

Te reflejas en mí como si yo fuese un espejo; proyectas tus miserias, tu ego redomado y tus sentimientos de saldo. Me atribuyes todas tus taras, todos tus errores, todas tus frustraciones, incluso las inventadas.

Hay corazones contaminados. Viven en un cuerpo en el que campa a sus anchas una gran polución interna y, por ello, poco a poco y embarrados, salen para hacer limpieza.

Eso sí, no reciclan, sino que abandonan su basura en cualquiera que les sirva de contenedor.

Del blanco al negro

Del blanco al negro,
de cien a cero,
de todo a nada,
de siempre a nunca,
de la algarabía al silencio más estruendoso.

Yo no soy a medias y me salgo de los mapas que se doblan por la mitad.

En una época en la que todo parece ser a medias: se habla, se quiere, se busca, se está, se vive… todo a medias.

Todo, menos los miedos, ¿esos? Esos están al cien por cien y cotizan en bolsa para aumentar su rendimiento. No saben de crisis si los dejas estar y, por su culpa, el corazón y la mente dudan de su capacidad.

Yo no puedo ser a medias, no puedo ser familia, amiga, pareja ni amante a tiempo parcial. Creo que impera el «no compromiso», que hay una exaltación de todo, pero para dar a medias o quedarse en una nada.

Emoción a flor de piel, la que eriza y aumenta mis latidos. La que nace en mi pecho y conecta con mis sentidos.

La sonrisa que me provoca devolver una mía, la risa que ahuyenta la incertidumbre del devenir.

Ese tiempo puede distar desde un segundo a la eternidad; es cierto, todo es cuestión de sentir y vivir, pero… ¡nada de dar a medias!

—Y, ahora, ¿en qué piensas?

—En que existe una escala de grises con sus variados matices. Tal vez tenga que trabajar en ellos.

Pero lo pienso y prefiero que se me siga desordenando el pelo y el alma; las letras, ideas y pensamientos en mi mente, y que el corazón siga obligándome a sentir apostando todo al rojo, sí, al color de la fuerza y de la sangre, esa que corre por mis venas.

Podrá ser visceral, sí. Tal vez debería renegar de los absolutos, pero, en temas de amor, si hablamos de pasión, aunque caiga al barro y muerda el polvo, yo prefiero lanzarme para después decir que he sido valiente.

Valores

Ella le habló de valor
y él le habló de dinero.

Ella de alma libre
y él de jaulas de oro.

Ella le regaló una brújula
y él, una sortija de diamantes.

Ella se sintió cual paloma anillada
controlada y con las alas cortadas.

Él se ofendió porque fuera ella misma
cuando es lo que dijo que lo enamoraba.

Ella no fue consciente de su cárcel regalada.
Él quería una princesa con la boca cerrada.

Él convirtió su abundancia en vil metal
al fundir las monedas y crear la torre más alta.

Ella decidió escapar al tornarse la marcha nupcial
en una melodía triste y apagada.

Él se quedó anclado en su castillo, con sus ideales arcaicos y su carácter autoritario.

Ella decidió coger la brújula, vender el diamante y huir en un descapotable, con su camiseta de Thelma y Louise, con sus gafas de sol, su música ochentera y sus ganas de volver al baile.

Nada de mitades

No soy mitad de nada. No soy parte de nadie. Soy un ser completo y elijo con quién comparto vida.

No soy fruto a medias, no soy media naranja, ni mucho menos tengo que vagar por el mundo buscando a mi otra mitad.

Soy como soy, con mis taras, con mis virtudes y defectos; con mis miedos; con mis gustos; mis deseos y sueños, pero estoy completa.

No, no me falta nada, ni a ti tampoco. No hagas caso a quienes se parten por la mitad y quieren reflejar en ti, a modo de espejo, su inseguridad.

Yo no quiero mitades; quiero personas a las que les apetezca compartir su vida y ser conmigo. La esencia es lo que te define y lo que te diferencia.

Me gusta un mundo lleno de frutas variadas y no uno aburrido de medias naranjas. Tú decides con qué fruta te apetece ser y hacer zumo.

Canciones

Ten mucho cuidado con a quién le prestas tus canciones. No todo el mundo lo merece. No todo el mundo tiene el mismo oído, sentimiento o capacidad de emoción.

Cuidado con a quién le dedicas tus canciones. Pueden acabar convertidas en melodías malditas, tachadas de entre las favoritas de tu lista de reproducción.

Los vinilos vivirán escondidos en un baúl de trastos de los que no te deshaces por falta de ganas, en cajones que nunca abres o cogiendo polvo en el último estante del mueble del salón.

Corres el riesgo de acabar con el alma en pena, el corazón hecho añicos, y tendrás que colgar el cartel de estar reformando tu interior.

Un rayo te partirá el dos y te congelará la piel cada vez que, de forma casual, escuchas el sonido de una de ellas o repares en su letra.

Ten cuidado con a quién le prestas tus canciones. Puede que, por falta de imaginación, las utilice con alguien nuevo, y esas, las elegidas, no merecen estar en oferta, en una caja de saldos ni venderse en un mercadillo barato de segunda mano.

Atrévete

¿Por qué no me miras?
No ves que te hablo sin voz,
expreso sin letra,
te sueño despierta,
te miro y me tientas.

¿Por qué no me llamas?
Escuchar tu voz en línea y prender esas,
las que nacen de echar leña al fuego,
las que hacen arder la hoguera,
las que queman por verte,
las que en polvo se quedan.

¿Por qué no me amas?
Entre sábanas blancas, velas y farolillos de papel
en el cabecero de la cama y, como preludio,
la ropa tirada en el suelo, el pelo revuelto
y vino tinto ya en boca,
que tiñe mis labios de un morado intenso.

¿Por qué no te atreves?
Es hora de que lo hagas
una fuerza irrefrenable te guiará hacia mí,
porque hay una energía que nos alcanza,

como el calor quema la piel,
como la lluvia moja la tierra,
como el viento baila con las hojas,
como el río desemboca en el mar.

Atrévete, pero, si no te decides a hacerlo,
mejor vete a dudar a otro lugar.

Alguien

Unos ojos que te traten bien, unas pupilas que se dilaten al verte.

Alguien que no dude de ti pero que tampoco seas tú su duda.

Alguien con ganas, alguien valiente, que te ceda, aunque sea por un tiempo, la exclusiva de su emoción; que se acuerde de ti sin motivo, que sonría porque sí, sin razón aparente.

Alguien que tiemble al pensarte, que te abrace al verte; que escuche música en tu voz.

Alguien que no te interrogue, que no cuestione quién eres; alguien sin agenda ni control para verte. Alguien que no te cuente su vida en prosa o lo que le interese, para pasar el rato, para entretenerse.

Alguien para el que no seas el plan B, su desahogo en soledad, con crisis de pasado sin superar o, lo que es peor, sin diagnosticar.

Alguien que baile contigo, con el alma bonita y esperanza en la voz; que quiera llegar lejos, pero sin pisar a nadie para llegar alto.

Alguien con quien ser y que sea contigo. Que no esté solo en tus luces sino también en tus sombras.

Alguien que te coja de la mano y te acompañe al precipicio de las emociones; sí, ese que da tanto miedo, pero que, si caes, esté cerca de ti para ayudarte y quiera escalar hasta la cima de la montaña contigo.

Alguien con quien compartir vida tanto en el verano como el invierno. Tanto en el día como en la noche.

Alguien que, dure lo que dure, sea como un «para siempre».

Qué te haría yo...

Y me preguntas, sabiéndote irresistible, con las expectativas reflejadas en tus pupilas, el guiño de ojos y la sonrisa de medio lado en la expresión de tus labios.

«Y tú, ¿qué me harías?».

Tú no te ves como yo te veo, pero sabes que contigo me perdería en cualquier lugar, en cualquier cielo e incluso en algún infierno.

Te dibujaría en la pared que ilumina el sol cuando despierto. Dejaría tu rastro vivo en mis sábanas blancas, porque tu aroma me embriaga cada noche y es mi mejor despertar cada mañana.

Te cantaría al oído, incluso cuando me falla la voz, tal vez a modo de susurro, y guardaría para siempre la huella de tus dedos tatuados en una copa de vino.

Te haría personaje de mi cuento, actor principal de mi obra de teatro y, sobre todo, de mi vida. Eso sí, nunca rey, príncipe o caballero; no me van los estereotipos.

Cuidaría de ti, como a la orquídea que siempre me regalan como desafío para demostrarme que sé mimarla. He de decir que es todo un reto, dado que siempre se me han dado mejor los cactus.

Serías monumento de mi salón, cómplice de mis canciones, partícipe de mis escritos, mi compañero de baile y hasta mi particular estrella del *rock*.

Haría de tus ojos mi mar y perdería la cordura en su profundidad.

Te haría mi primer café de la mañana, mi sueño en la noche y te elegiría de almohada cuando fuera mi día de tormenta.

Pediría que nombraran a tu sonrisa como patrimonio de la humanidad, tu carcajada himno de la alegría, y te dejaría plasmado en papel y tinta para que, como hacen los poetas con sus amores, fueras inmortal.

Si te dejases eso es lo que te haría, pero, claro, eso tú ya lo sabías.

Spoiler

Te voy a hacer *spoiler* y no me importa si me lo tienes en cuenta. Sin haberlo preparado, te he girado el guion del revés.

Yo reescribo mi propio destino. No dejo mi vida en manos ajenas, ni cargo la responsabilidad en otros: es mía al cien por cien, con sus aciertos y sus errores, caiga en pozos, coja atajos, tropiece por segunda vez con las mismas piedras o camine en ardiente asfalto.

No voy a hablar de buenos ni malos, de héroes ni villanos, de protagonistas, personajes secundarios o de relleno en el escenario.

La vida es un teatro y yo decido cómo y cuándo empieza mi actuación.

Yo elijo el momento en el que cabe la improvisación si los acontecimientos me superan o si los miembros del reparto me clavan una puñalada trapera.

Si algún figurante tiene pretensiones de primera estrella lo coloco de atrezo en forma de farola en una esquina, de jarrón en la sombra de una mesa o de carta en blanco dentro de un cajón.

Te olvidas de algo.

Yo puedo escribir la obra entera, decidir si solo sales herido o mueres en ella.

Yo decido en mi vida.

Yo elijo cómo se cierra la escena y, posteriormente, el telón.

Luz de gas[2]

Te hiciste experta en mantener lo imposible, lo incompatible con la cordura: la mesa de tres patas, la casa sin ventanas, el día sin reloj y amores de migajas.

Descubriste lo que había debajo de la alfombra. Nada bueno escondía; limpiarla y perder el tiempo no era la mejor de las decisiones para tomar en la vida. Deshacerse de ella, sin ninguna duda, era la idea.

Conociste el poder oscuro de las palabras ornamento del que tiene el maldito don de la fácil verborrea. Un texto predictivo o manual barato de cincuenta frases que no saben ni de dónde salen fueron sus herramientas de conquista en tiempo de precariedad emocional.

Descubriste que la sensación de nervios en el estómago no se debía al aleteo de mariposas por enamoramiento, sino a tu hambre de amor verdadero.

Supiste en ese mismo momento que no tenías que haber cogido ese tren.

---

2 Luz de gas: Es una forma de manipulación de la percepción de la realidad del otro, por lo que es una forma de abuso psicológico con la finalidad de hacer dudar a la víctima de sí misma.

Esa manía social de decir que debes subirte a los trenes que pasan por tu vida está sobreestimada. Algunos son trenes sin destino, con pasajeros de los que solo conoces el nombre, cuya luz tenue no solo te apaga, sino que te impedirá, en todo el trayecto, reconocer tu esencia y recuperar tu brillo.

Él fue para ti uno de esos trenes de noche, y, déjame decirte que ¡huye!

Porque entre todo lo que te quita, lo único que te da es luz de gas.

La cacería

Te presiento.

Vas tras de mí, armado hasta las cejas, como un perro de caza que busca a su presa. Sigues mis pasos y rastreas la pista que deja mi aroma.

Me buscas sin cesar, con la saliva en la boca cayendo, como el que ya conoce el sabor que tiene el manjar.

Pero, en tu obsesión por encontrarme, no contabas con algo. Yo soy mujer aguerrida en la vida y mi experiencia en batallas es conocida.

El día de la cacería tus balas no me pudieron encontrar.

No, no soy loba herida ni me dejaste la vida rota; yo soy felina en libertad, y… ¡basta ya de estereotipos vagos en los que el lobo es el jefe de la manada y la loba siempre se representa herida!

Me quebraste una vez el corazón, pero ¿sabes una cosa? Yo soy resiliente de sobra y no caigo en la misma trampa ni tropiezo con la misma piedra.

Dejaste de ver mis huellas y perdiste mi rastro porque desplegué mis alas.

Sí, has leído bien: mis alas, esas que me sacan de la mala vida, pero no se ven.

Crecieron en mí al tener que alzar vuelos tras caer en pozos, aceptar sentencias por desconocimiento, ceguera y lapsus de amor propio.

Pagar peajes de viajes sin retorno, billetes pasados de fecha y subirme en aviones que no saben despegar del suelo.

No, no soy pieza que colgar en la pared de tu panteón de amores conquistados ni el insecto de tu pisapapeles en el ámbar atrapado.

No, no soy trofeo en la vitrina de tu ego, premio de tómbola de verano o boleto con sorpresa en una fiesta de pueblo.

No me hables de amor porque tú no sabes lo que es eso.

El amor no va de esto. No va de veranos ni de inviernos, no va de cazar presas ni en tierra ni al vuelo.

El amor lleva tiempo, se cocina a fuego lento; va sin prisa para no romper la magia del momento, deja espacio para respirar, va despacio para llegar en el instante perfecto.

El amor va de lealtad y sentimientos honestos, de ser fiel o dejar a tiempo lo que está muriendo.

No, no me hables de amor cuando tú lo que haces es salir de cacería y cualquiera que caiga en tus redes o sea tu presa te valdría.

No, eso no es amor, es placer momentáneo. Eso no es amor, es egoísmo, y hasta me atrevería a decir que cobardía.

Sin permiso

No pienso ir de puntillas por la vida, no quiero pisar en falso sin arriesgar. Si eso ocurre será porque lo habré intentado. No pienso pedir permiso para pisar en firme, con mis pequeños pies, con ganas de enfrentarme a mis monstruos, a mis miedos, esos que te hacen cauto, pero que finalmente a tu huerto te tienes que llevar, para no quedarte plantado y sin abono, en el mismo momento, en el mismo lugar.

Mis pies van al unísono, uno con el otro, no piden permiso para avanzar, van a la par; están de acuerdo en que hay que caminar.

«Si nos paramos, lo hacemos a la vez, para pensar, meditar, para razonar, y, si nos equivocamos, seremos un poco más sabios e intentaremos no tropezar con la misma piedra una vez más, ¿de acuerdo?».

El hecho de que uno vaya siempre tras el otro no es más que una respuesta fisiológica de mi cuerpo, para mantener el equilibrio, para no caerme «al vuelo».

No pediré disculpas por no querer mirar hacia el pasado, prestar atención a lo que ya fue. El pasado es pretérito, no es opción presente, y no creará nada en el futuro. No perderé el tiempo en rememorar, sino en crear, en construir.

Nada puede quedar de amores llorados o amistades caducas. No dejaré de expresar lo que pienso o lo que siento; no dejaré pasar el momento. No me quedaré pensando en un «y si...» condicional. Lo que no pase, por mí no será.

No dejaré de creer que sí existe el «para siempre» en amor y amistad. No me avergüenzo si alguien me hace sentir, me hace vibrar... alguien que saque mi lado emocional.

No pediré permiso para soñar, ni me sentiré mal por evolucionar. No quiero un camino recto, un camino lineal, porque, lo que fácilmente llega, fácilmente se va.

Seguiré siendo yo, así, un tanto visceral, un tanto alocada, directa y real. No me disculparé por no ser perfecta; es más, no soy fan de la perfección: me gustan las cosas y la gente tal cual son, con sus taras y sus matices, con su esencia y personalidad.

No dejaré de escribir(te) una vez más; creo que es mi mejor forma para expresar. Mi mano plasma lo que le dicta mi mente, mi alma, mi corazón... mi razón.

Navegar

—¿Y si navego y naufrago?

—¿Y si navegas y surcas mares?, ¿y si navegas, conquistas océanos y descubres nuevas orillas?; ¿y si llegas a otros puertos, conoces un mundo nuevo e incluso valoras lo que ya tienes en el tuyo?; ¿y si se te abren nuevos caminos, exploras lo desconocido y curioseas por una posible nueva vida?; ¿y si descubres tu vocación, o despiertas la que tienes dormida?; ¿y si conoces a un compañero o compañera de viaje?, o, mucho mejor: ¡de vida!

—¿Y si descubres que tienes ante ti las herramientas para conseguir lo que tanto anhelas y ser plenamente o, como mínimo, un poco más feliz? Merecerá la pena, ¿no crees?

—Fíjate, solo me has dado una razón para no hacerlo: naufragar.

El miedo existe y es bueno tenerlo; ¡qué sería de nosotros si no temiésemos algo!

El mundo explotaría con tanto kamikaze suelto. Existe, sí, para hacernos crecer, para superar nuestros propios límites, para retarnos y que la vida sea más interesante, para conocernos mejor y saber hasta dónde somos capaces de llegar. El miedo paraliza hasta que decides dar el primer paso, y, si naufragas, no pasa nada. Brazada a brazada, nada de nuevo hacia la misma orilla de partida, puede que incluso no vayas a solas, una voz te dé aliento en la travesía o, incluso, te ayude al llegar una mano amiga.

La corriente no siempre estará a tu favor y no puedes pretender que no haya tormentas o que el mar siempre esté en calma: eso es una quimera. Nades a favor o a contracorriente, habrás sido valiente, porque lo has intentado; mejor dicho, lo estás (en presente, no abandones) intentando. Repito, solo me has dado una razón para no navegar. Yo, en cambio, te he dado muchas para sí hacerlo.

—¿Qué decides hacer finalmente?
—Yo también quiero intentarlo. Te ayudaré a levar el ancla. Abre las velas, ¡me voy contigo!

Todo llegará en su momento si has sabido luchar por ello. Todo oleaje en la vida se vuelve calma, si perseveras contra viento y marea.

Al final: la luz

Ya conocí el lodo en los años que preceden, mordí el polvo y me removí en aguas pantanosas. Me levanté del suelo, avancé en el túnel y crucé el puente.

Rompí el asfalto, broté cual flor salvaje desde la piedra, desde la tierra. Reconstruirme en piezas, tirar las que no completan. El pasado inservible arrancado y la herida ya se tornó cicatriz. Ciclos quemados, otros cerrados. Los nuevos en la puerta ya tocando.

Mirar a los miedos cara a cara, y charlar con ellos. La soledad como regalo de lujo para el autoconocimiento. Sueños por los cielos y letras de tinta entre los dedos. Canciones, libros y cuentos sin príncipes dentro. Conexión a la par que respeto, sobre todo de espacios y tiempos; nada que sea apresurado te lleva a buen puerto. Priorizar en todos los terrenos y nada de apegos; sigo sin agarrar clavos ardiendo. Piedras que han prescrito; los errores, que los habrá, que sean nuevos.

Dar las gracias siempre y con la boca llena. Que la templanza ya no sea para mí una utopía; trabajando en ello, en caminos y en retos nuevos. Saber ser resiliente es obligatorio, y creer en la serendipia es darle cancha libre a la magia; sí, esa en la que creo firmemente y que puede ser creada.

Seguir sin caer en roles que se fomentan en la sociedad ni encasillarme en ellos. La edad no importa ni es un impedimento para nada; sigo sin ocultar la mía, dado que cumplir años significa que estoy viva.

No admitir críticas destructivas y, mucho menos, de quien está siempre en el mismo lugar, sin movimiento, sin caminar, sin arriesgar.

Aprendizaje, responsabilidad ante lo que sucede y no sentarse a esperar. No hacer lo que no me apetece, no dejar de decir lo que quiero, pero, sobre todo, lo que no.

Nada se logra sin esfuerzo ni (auto)conocimiento.

Sí, estoy sentada, pero no, no estoy cansada. Solo he parado para respirar, coger impulso y tomar aliento. Llevo en mis pies calzados diez centímetros de tacón, que me elevarán mil metros hacia el cielo, pero sin despegar mi razón del suelo.

Corazones

Un domingo a las seis de la tarde. Paseo pensativa por las calles de la parte antigua de la ciudad. El atardecer llega con una luz un tanto tenue, ya propia del principio del otoño y final del verano. Me inspiro y comienzo a hacer fotos: a las casas, a los árboles atravesados por unos rayos de sol ya un tanto tímidos, a las calles y su vida, a momentos, a detalles… y, de pronto, algo llama mi atención. Al bajar la vista hacia los adoquines que transito observo algo de color rojo, justo delante de mí.

La ciudad me regala corazones de papel. Se compincha con ellos, me los envía a través del viento, los deja caer a mis pies.

No llevan remitente, no hay pista alguna, ni en tinta visible ni en esa que es mágica, que trae mensajes sorpresa; esa que sin luz no se deja ver.

Atraen y gustan a primera vista, parecen benévolos en un primer momento, pero ¡cuidado con los portadores de corazones de papel! Si tienes un mal día o estás sensible, si llueve y los mojas, se deshacen con una facilidad pasmosa.

Si se rompen, si se parten en dos (o más pedazos), no es por desamor, no es a causa de la tristeza. Se dividen y se reparten aleatoriamente o hacia otro destinatario ya elegido de antemano. Son corazones voladores, que van y vienen, que se posan sobre otros, que son víscera, ¡sí, esos que laten, sangran y sienten!, como mariposas que revolotean en primavera.

Solo los corazones de piedra se libran de sus (malas) artes. Esos antes fueron víscera; también sangraban, latían y sentían. Lo fueron antes de toparse con los de papel. A consecuencia de este encuentro se abrieron, se partieron, se desgarraron, se desarmaron. Se volvieron piedra al ser desangrados para teñir de un simulado rojo pasión a los de papel.

Tras la muerte del falso amor se convierten en su propio escultor. Si sus pretensiones fueran que otros se encargaran de esa labor, estarían cometiendo un grave error.

No todos los corazones de piedra renacen. Algunos, como mucho, son convertidos en mármol. Más bonitos, sí, pero fríos al fin de al cabo. Nunca volverán a sentir, nunca volverán a amar.

Otros corren peor fortuna y son esculpidos y transformados en madera. Más frágiles aún, si se prende una llama acaban lanzados a la hoguera. ¡Qué ironía!, un polvo tiene el poder de convertirlos en lo mismo y el viento terminará el trabajo, esparciendo y llevándose sus cenizas.

Los corazones piedra que llevan a cabo su propia reconstrucción y toman las riendas de sus sentimientos y, por ende, de su vida, son los que verdaderamente lograrán de nuevo ser víscera. No se apresuran, se toman su tiempo, se pulen y se tallan poco a poco. Se escuchan, se consuelan, se miman.

Quieren vivir en otro material, cambiar su textura; ser más suave, más caliente, brillar, pintarse de otro color. Cambiar su vida gris, volver a bombear sangre, volver a latir, volver a sentir.

Si te los encuentras y eres víscera, no les metas prisa, déjalos que terminen su obra, déjalos que fluyan, déjalos que intenten de nuevo latir.

Si te los topas y eres corazón de papel, te lo advierto: puede que se vuelvan tijera y te corten en mil pedazos inservibles, para dejarte sin poder, para que no puedas volar ni te poses en otra víctima.

Para que dejes a los que laten vivir algo con peso, un amor de verdad.

Y tú, en este juego, ¿eres piedra, papel o víscera?

P. D.: Si te regalan un corazón de papel, hazlo confeti, tíñelo de colores y celebra una fiesta.

La habitación

Me fui sin culpa y dejé sembrado un reguero de pólvora quemada tras la explosión.

Una vez que el fuego dio paso a lo inerte, el hastío era todo lo que habitaba dentro de mí. Antes de ese momento y desde el umbral de la puerta, vi la cama revuelta, almohadas apiladas y girasoles marchitos.

La habitación rezumaba una mezcla de olor a pena y brisa de decepción; era imposible no oler el perfume de la traición.

El corazón me latía bajo el ritmo esclavo de una melodía con notas de crueldad. Pero la duración de una canción es de tres o cuatro minutos, no más; era el tiempo suficiente para enjugar las lágrimas con la punta de mis dedos y secar la emoción que me hablaba desde el pecho.

No perdí más el tiempo porque había llegado la hora de dejar el naufragio y comenzar a avanzar a nado.

Rebusqué en el armario y saqué mi cajita de recuerdos. Abrí el cajón de la cómoda por si encontraba allí mi sobre con cartas dedicadas, tarjetas de cumpleaños, fotos con historia y bordes rotos, y con la esperanza de hallar un mapa que me guiase hasta el tesoro, ese que me contase cuál era mi nuevo destino.

Tenía la imperiosa necesidad de salir de aquella habitación, que me ahogaba, que ya oxígeno no me regalaba. Aquella habitación, que más que verde esperanza me recordaba al color mustio y apagado del ciprés, ese árbol que sabe guardar silencio y rodea los camposantos.

En el preludio de una muerte del sentimiento, de duelo y entierro del verbo que nace en el corazón de los que se enamoran, ya amarte no era una opción.

Esa habitación ya tenía un halo de infelicidad tan abrumador que… tenía que salir de allí antes de que me impregnase esa sensación.

Antes de marcharme, abrí la puerta del balcón y me despedí del atardecer, que tantas veces me acompañó cuando salía a respirar en el silencio y tomar el sol.

Y tú me preguntabas que a dónde me iba.

—¿A dónde? —exclamé—. Pues a cualquier otra parte que rime con arte, ese que me gusta tanto y que voy a tener para olvidarte.

Preferencias

Siempre he sido más de brujas que de princesas, más de escobas que de carruajes, de meigas más que de reinas.

Siempre he sido más de velas e incienso. Nada de candelabros dorados y lámparas de araña de castillos encantados.

Más de ranas sin corona que de sapos esperando a ser besados.

No hago tratos si utilizas trucos para que yo termine por firmarlos.

Soy más de piedras esperando ser talladas que de brillantes que deslumbran en salones de baile. Soy más de hablar en plata que de minuto de oro.

Más de mar profundo y abierto que de lagos privados tras la verja de palacios.

Soy más de bosques con animales salvajes y setas peligrosas que de jardines con fuentes y arbustos podados en forma de cisnes.

Me puede provocar más inquietud la silueta de los vivos con maldad, egoísmo, sin alma o falta de empatía, que el espectro de los muertos en casa abandonadas, cementerios o colinas.

Si me preguntas que si fuera una flor, lo tendría muy claro. Sería flor salvaje, de las que rompe el asfalto, de las que trepa muros, de las que brota rebelde entre las dunas.

Prefiero ser el elefante en la cacharrería, que se le ve venir y que vira la vida del revés para volver a colocar piezas con otra visión, que el mono de los platillos, el mono orquesta, que solo hace ruido para no pensar, para no escuchar nada que no sea fruto de su propio ego, anestesiado por neuronas que no se mueven ni planean cambios para una vida plena.

Nunca ha sido opción pactar con el diablo, y no doy tregua a quienes juegan a las brujas o villanos de pacotilla de un mal cuento, que encuentran en la oscuridad atracción y un banal coqueteo, sin la inteligencia suficiente para darse cuenta del riesgo a caer por el precipicio o arder sin que exista hoguera.

Si juegan conmigo no pierdo mi tiempo. No mancho mi boca con palabras malsonantes, sentencias de odio, o maldiciones lanzadas al aire. Prefiero dar la callada por respuesta o traducir mis silencios por escrito. El karma ya hará su trabajo cuando él decida.

Todo llega a su tiempo, en el momento perfecto y cuando aún exista vida.

Sirena

Tengo un secreto: cuando no me ves, soy sirena. Me adentro en el mar y mudo parte de mi piel. La convierto en una bonita cola pisciforme con escamas fuertes, resistentes e iridiscentes, de color azul y plata. La muevo de lado a lado, de izquierda a derecha, como cuando me pongo a bailar, como lo hacen las caderas al caminar.

Cuando no me ves, soy sirena. Se posan estrellas naranjas en mi pelo y los corales me peinan, aunque sea rebelde, aunque me salga del canon, aunque no tenga una larga melena. Vivo entre peces, algas y conchas. Entiendo el idioma de las caracolas, que me hablan, que me nombran, y si eso ocurre acudo a su llamada sin pensar: algo me quieren contar.

A veces desaparezco, cuando nadie sabe de mí soy sirena, y mi única compañía es el mar. Mi luz procede de su profundidad y ya nada ni nadie me la podrá aplacar. La recargo de intensidad y brillo, tanto de día con el sol como de noche cuando hay luna llena.

La mitología siempre ha atribuido a las sirenas cualidades poco benévolas, como la capacidad de embaucar con su canto y atraer la muerte en el mar de enamorados sugestionados por su magia. No hagas caso al respecto, ya desde los primeros tiempos culparon a Eva de todos los males. «Pecado original» lo llamaron.

Yo no puedo cantar, soy mitad humana y no embauco a marineros incautos. Si jugamos, si pecamos, nadie morirá de irrefrenable pasión y apego, porque seremos conscientes los dos.

A veces, en tierra, me dicen que soy dulce, que soy tierna, pero no te equivoques: en el mar mi energía es de sal, de la que brilla bajo los rayos del sol, de la que ayuda a cicatrizar, de la que sana heridas, de la que con orgullo habla de resiliencia.

A veces, cuando no me ves, soy sirena, y la fuerza del mar, ya hecha espuma, me lleva de nuevo hasta la orilla, para volver a tierra firme, para con más brío volver a pisar la arena.

La chica de los lunares

La chica de los lunares, marinero desconocido, velero sin brújula, pero de sueños con rumbo fijo. La que se inspira en los bancos de los muelles y puertos, pero no espera nunca a nadie sentada en ellos. La que se ha deshecho de anclas, le gusta alzarse al vuelo, pero no pierde la cabeza en cualquier cielo.

La que no ata cuerdas rotas ni arregla nudos marineros a no ser que su vida, de forma literal, dependa de ello. La de la biodramina, para no marearse ni perder el centro, con cafeína, eso sí, para no estar alienada ni dormida durante el trayecto.

La que es signo de aire y remonta siempre sus vuelos, pero tiene un vínculo eterno con el agua salada, los pies en la tierra, aunque le guste soñar despierta y es, sin poder remediarlo, puro fuego.

La de los principios, sí, esos que no se cuestionan ni tienen precio. La que no cree en la falsa amistad ni en amores de migajas y titubeos. La que suele cantar en voz baja, pero salta y baila todo el tiempo.

La que es leal siempre a las personas que quiere, pero sobre todo a la que más conoce, a la que más cerca tiene y le habla mentalmente a cada momento: a ella misma, y, por ende, a su cuerpo, a su corazón y a su mente.

No me llames princesa

No me llames princesa. No me gustan los príncipes de ningún color ni quiero ser una chica que vive del cuento.

No, no me llames princesa, no deseo tener un incómodo vestido de ensueño ni unos frágiles zapatitos de cristal; yo soy mujer todoterreno y eso no lo quiero cambiar.

No, no me llames princesa, no quiero ser la más guapa del reino y mucho menos que eso sea lo mejor que mi espejo, en toda mi vida, me dirá.

No, no me llames princesa, porque no me retiraré a media noche, de forma melodramática, para que me persigas, para que vayas tras de mí en ningún baile ni verbena. A esa hora es cuando empieza mi fiesta.

No, no me llames princesa. No vivo postrada en la ventana de una torre esperando verte llegar para rescatarme o sonreírte sin más. Ya ves, llevo el pelo corto y no una larga melena y mucho menos hecha trenza a modo de cuerda.

No, no me llames princesa. No llevo diadema ni tiara labrada, ni de brillantes ni de piedras talladas, ni mucho menos de tristes perlas en forma de lágrima.

No, no me llames princesa. No quiero aposentos fríos llenos de historias tristes de chicas muertas de aburrirse esperando por quimeras.

No, no me llames princesa. No montaré en carruajes tirados por caballos ni veré animales sometidos por el ego humano y caprichos de reyes poco empáticos.

No, no me llames princesa ni, aunque como la de la *Sonatina* de Rubén Darío, tenga «la boca de fresa».

No, no quiero que me llames princesa. ¿No ves que no tengo sangre azul? ¡Es roja la que corre por mis venas!

Luna

¿Quién te ha dicho que yo quiero que me bajes la luna? Nunca ha sido mi deseo, ni tampoco aventurarme y subir yo a por ella, con una escalera de peldaños destinados al cielo. No, no deseo enjaularla, no deseo ser su dueña. Ella, cómplice del sol, irradia una luz plateada y te alumbra si alzas la vista para contemplarla.

A veces, le hablo y creo que me contesta, a veces sonríe, como el gato de *Alicia en el País de las Maravillas*, cuando ha menguado o aún no ha crecido para estar plena. Hace su salida tras la retirada del sol; él siempre espera por ella, para abrazarla unos segundos, con su rayo tenue de atardecer, justo antes de su puesta. Él se resiste a pensar que tienen una relación imposible. Ella para corresponderle hace acto de presencia, majestuosa, justo antes de que él ya no brille.

No, no quiero que me bajes la luna ni ir yo a por ella. No tenemos un apego insano, sino una conexión de fuerza, de luz y energía. Me ayuda a visualizar mis sueños, calmar mis penas y encauzar mis miedos. Yo, como agradecimiento, la admiro cada noche.

¿Quién te ha dicho que yo quiero que me bajes la luna? Hablamos de tener alas, de luchar por la libertad; hablamos de huir de cadenas invisibles, de celdas sin la puerta abierta; de candados encadenados entre sí sin tener sus llaves a mano, ni siquiera una maestra. Y tú, ¿me hablas de condenar a la luna a que tenga dueña? No, te repito: no quiero que me la bajes ni ir yo a por ella. Ella es feliz en su cielo y yo me conformo con verla.

Es más, ¿te cuento un secreto? Podemos llegar a compartirla, en el mismo momento. Aunque estés a milímetros de mí y puedas rozarme los labios con tus dedos; aunque haya metros de distancia entre tu cuerpo y mi cuerpo; aunque estés a miles de kilómetros, pero coincidamos, a pesar de las horas, en la misma noche, porque es la misma luna, bajo el mismo cielo, en el mismo universo. ¿No crees que es justo seguir admirando su resplandor y compartir ese regalo con el resto del mundo?

No, no quiero que me bajes la luna ni ir yo a por ella. Lo que yo quiero es hacerte reflexionar sobre la libertad, la independencia, la elección y la autonomía con estas letras.

La bailarina

Tenía la tez pálida, como una muñeca de porcelana. Sus mejillas sonrosadas estaban enmarcadas en unos círculos perfectos y plagados de pecas estratégicamente situadas. Estas eran tenues y no se oscurecían en verano; nunca había estado expuesta completamente a la luz del sol. Solo en algunos momentos, cuando entraban algunos rayos a través de las rendijas de la persiana colocada en la ventana de la habitación.

No tenía nombre. Poseía un largo pelo rojizo, formado por ondas un tanto rebeldes, que harían pensar que no podría domarlo fácilmente, sobre todo contra el viento. Ella lo llevaba perfectamente controlado en un peinado y tensado moño alto, justo a la altura de la coronilla.

Se metía en su papel a diario, con su malla blanca y su falda de tul en forma de plato del mismo color. Sus zapatillas eran de un rosa empolvado, y las llevaba perfectamente anudadas desde sus tobillos, con una cinta de raso que trepaba con elegancia sobre sus piernas, vestidas con unas medias en un blanco nacarado, que las hacía brillar aún más por la tensión de su postura. Siempre estaba colocada en punta, una posición con mucha complejidad, pero sus piernas lucían impolutas, perfectas, como si jamás se hubiese caído, como si nunca se hubiese lesionado, como si no las hubiese utilizado para bailar.

Siempre soñó con actuar en un gran teatro, con colocarse una diadema llena de plumas blancas, algún brillante y coronarse en el *ballet* clásico con *La muerte del cisne*. Fantaseaba con conquistar al público junto al soldadito de *El cascanueces* y lograr así encadenar papeles protagonistas; ¿vestir de rojo en *Don Quijote* tal vez… o sucumbir a la oscuridad en *El cisne negro*?

Nunca llevó pendientes, ni siquiera unas pequeñas circonitas o unas discretas perlas; no tenía agujereadas las orejas. Estaba siempre en la posición precisa para comenzar a bailar, y, desde que sonaba la música, empezaba a dar vueltas y vueltas sin parar, con una perfección imposible, manteniendo su delgado cuerpo sobre sus torneadas piernas y sus pequeños pies colocados uno delante del otro, sobre sus puntas.

Soñaba con viajar a cualquier lugar en el que pudiese pisar un teatro o escenario, para bailar bajo la ordenada música dirigida por una batuta de gran orquesta. Anhelaba tener más público presente que las perlas que me regalaron de pequeña y las joyas de la abuela; la pulsera de abalorios que me hizo el abuelo o el broche que heredé de una tía que se había ido en busca de aventuras por Europa al cumplir los cuarenta.

Ella era la bailarina de la caja de música que me había regalado mi madre cuando era pequeña. Nunca salió de su caja. Nunca vio más vida que la que tenía en aquella habitación, pero siempre estaba preparada para su siguiente actuación.

Estado: amante del mar

Ser natural, estar de verdad.
Nada de parecer lo que no se es.
Nada de pedir lo que no se da.

Fluir, avanzar, nadar y… ¡nadar!

Sumergirse para escuchar(te).

El mar es ese amigo que te abraza sin preguntar y sientes que todo lo cura. El sol, con sus rayos, es su cómplice y lo ayuda.

Allí, donde las lenguas que se forman no son viperinas, sino de agua y sal. Ahí donde la marejada puede ser también tu estado de ánimo, donde se fluye como la sangre que recorre tus venas.

Donde no existen discursos baratos ni la gente que escucha solo para contestar; donde no caben los que terminan las frases de tu propio discurso sin empatía ni complicidad. La escucha activa en una conversación debe ser primordial.

Donde el tiempo se para y la mente encuentra refugio y un remanso de paz; donde el cuerpo no pesa y los párpados se relajan.

Donde no escuchas a los que hablan de los demás y a los del doctorado en criticar. Donde los que se quejan por todo con los brazos cruzados no se pueden sentar.

Ahí, donde las piedras que te encuentras están rodeadas de algas verdes, bandadas de peces que juegan al escondite y cangrejos tímidos que salen marcha atrás cuando se recoge el mar.

Donde no escucho al que alardea de todo, al que juzga sin haber delito y mucho peor: sin ser juez.

Donde no están los que gustan de mirar tras las cortinas de su casa hacia afuera para opinar de la vida de los demás, sin girarse hacia la suya propia, en la que seguramente habrá mucho por arreglar.

Me mantengo a salvo de los pescadores de sirenas que ya tienen princesas en tierra, pero les tienta lo desconocido, lo que despierta su curiosidad, rezuma misterio, lo que no se deja poseer o lo que marca la diferencia.

Sí, los que confunden libertad con libertinaje, y esto último está reñido con el respeto. Siempre preferiré al farero, que sabe cuidar, aporta su luz, y me guía de noche sin invadir mi espacio vital ni mi libertad.

En mi cuento la voz no me la ha robado una bruja, ni la sacrifico para ir detrás de un hombre en tierra; eso sería devaluarme al ponerme precio.

Fluir, nadar, avanzar, danzar…

A veces, no podrás sacarme del mar, pero sí que puedo invitarte a acompañarme en cada ola. Eso sí: solo si escuchas la misma melodía que yo, incluso en el silencio, cuando rompe el oleaje en la orilla o la que yo callo cuando me ataca la disfonía y no puedo cantar.

La vida de un bar

La vida de los bares, bajo el halo de luz tenue o brillante, bajo focos o luces de neón, reflejos en botellas, utensilios de metal y vasos de colores. El chico bajo el chelo, el perfume de la chica que se acerca a la barra; su reflejo a lo lejos en el espejo, medias de fantasía y labios color frambuesa.

Discos pegados en paredes a modo de decoración, bandejas brillantes que bailan en manos expertas, que no derraman ni una gota mientras avanzan por toda la sala hasta llegar a su destino.

Una limonada sin alcohol, un botellín o una caña; un mojito picante o una copa con frutas cortadas, que nadan cada noche embriagadas. Copas rotas de corazones que ahogan penas o de los que esperan impacientes con un hueco guardado en los suyos.

Velas de cumpleaños, globos plateados que hablan de edades y años vividos; fotos de recuerdos y postales con emoción. Reencuentros, abrazos, secretos camuflados entre risas o compartidos junto a copas de balón. Bullicio o charla. Música ambiente o la que anima a continuar la noche y no parar de bailar y bailar.

Primeras citas, reunión de amigos, despedidas de quienes viajan hacia un futuro mejor, aunque eso no siempre implique comprar pasaje. Se puede volar en la vida con las alas que no se ven.

Madera mojada tras el encuentro del choque del cristal de una ronda de chupitos. Una copa de vino blanco o, si lo prefieres, de vino tinto.

Aceitunas, frutos secos o lo que sea para picar. A veces creo que realmente no es hambre lo que tenemos, sino cumplir nuestro ritual: nuestro maravilloso ritual social.

Los bares son testigos de amores de barra, de ilusiones y sueños que se piden, que se comen, que se beben, que se comparten y se hablan.

Son testigos de aquellos que se colocan estratégicamente para pedir o compartir fuego en la puerta. Primeras impresiones, amores platónicos, miradas cómplices entre amigas, sonrisas plenas o tímidas, a medio hacer.

Sus rincones guardan secretos y te sugieren que firmes un pacto para no revelarlos, aunque no medie ni tinta ni papel: el trato es que vuelvas siempre a visitarlos.

Lo que pasa en los bares se queda en los bares.

Tirando del refranero

No por mucho madrugar amanece más temprano, pero entiendo que pez que se duerme, se lo lleva la corriente. A buen entendedor pocas palabras bastan, y, si no sabes de qué hablo, no te preocupes, ya lo entenderás con el tiempo, porque más vale tarde que nunca, y nunca es tarde si la dicha es buena.

No hay mal que cien años dure ni cuerpo que lo resista, así que al mal tiempo, buena cara.

Por cierto, ten cuidado. El hombre es el único animal que tropieza dos veces en la misma piedra (o más), y como no hay dos sin tres, tanto va el cántaro a la fuente que se termina por romper.

Eso sí: ¡ni una más, Santo Tomás! Aunque yo, si no lo veo, no lo creo, ya me entiendes.

No me gustan los que dan gato por liebre o quieren matar dos pájaros de un tiro. Ya sabes, el que mucho abarca poco aprieta, así que a otro perro con ese hueso y cada oveja con su pareja. Eso de que ojos que no ven, corazón que no siente, no es lo mío.

Dicen que más vale pájaro en mano que ciento volando y lo malo conocido que lo bueno por conocer. No estoy de acuerdo, pero también hay que tener en cuenta que no es oro todo lo que reluce, y no olvides que, cuando el río suena, agua lleva. Y sí, es cierto que perro ladrador poco mordedor, pero a mí líbrame de las aguas mansas que de las bravas ya me libro yo.

Segundas partes nunca fueron buenas y, donde se intentó todo, solo queda dar las gracias.

Las gracias, sí, siempre hay que darlas, para lo bueno y lo malo, porque una es educada, aunque sea genio y figura hasta la sepultura.

Ah, y ya que estamos, cuando llegue ese momento, yo no quiero criar malvas. Me convertiré en polvo, pero para que me tires en la playa y poder adentrarme a solas, invisible y en silencio en el mar. Recuerda que una vez te conté mi secreto y es que, cuando no me ves, soy sirena.

¿Que de dónde soy?

Soy de una tierra de bandera que porta el amarillo del sol, el azul del mar, y el blanco pureza del corazón y alma de mi gente buena.

Soy de una tierra con magia, de islas que nacieron de una explosión de júbilo de volcanes en un día en el que el Atlántico estaba de fiesta.

Soy de fuego, de lava, de tierra fértil y de salitre, que curte mi piel e, incluso, mi vida.

Soy de una tierra cuya gastronomía enamora a cualquier paladar, que te regala el disfrute de cada uno de sus rincones, comenzando desde el interior hasta llegar a cualquier lugar de la costa.

Como amante de las letras he de decir que soy de una tierra con un dialecto maravilloso, un léxico muy rico y un acento muy dulce, yo diría que hasta musical.

Soy de una tierra resiliente, que le ha hablado al fuego de tú a tú. Soy de la tierra del pino canario, que resiste estoico o se regenera cuando ha sido pasto de las llamas; es capaz de rebrotar incluso perdiendo todas sus hojas y ramas. Soy de una tierra en la que nadie se resiste y cierra los ojos al escuchar el trino de un canario.

Soy de una tierra donde los suspiros[3] saben a dulce, donde los plátanos tienen lunares y pecas, y son los más sabrosos que existen. Soy de una tierra en la que no nos vamos de fiesta sino de belingo[4], echamos unos vinitos canarios a la sombrita, con quesos artesanos, ahumados, curados o con pimentón; bizcocho, almogrote y aceitunas; papas con mojo, gofio escaldado, chupitos de ron miel y, de postre, un bienmesabe o una ambrosía.

Soy de una tierra donde nos gusta ir a darnos un bañito a la playa cuando hace solajera, le damos palique a cualquiera y a la gente que nos importa la queremos tener siempre a nuestra vera.

Soy de una tierra donde te pueden llamar con ternura «mi niño» o «mi niña» sin importar la edad que tengas, y la mejor forma de hacer las cosas es al golpito[5]. Si me hablan de mi tierra, los ojos me brillan como el reflejo del sol en el mar, como la luz de montañas de sal o como el dorado de las dunas a mediodía.

---

3 Dulce típico canario de forma redondeada y cocido al horno hecho con clara de huevo, azúcar y limón.
4 Fiesta, jolgorio, jarana.
5 Expresión canaria para referirse a la acción de hacer las cosas con calma, poco a poco o sin prisas.

Soy de una tierra que te produce magua[6] si estás viviendo fuera, que te eriza la piel si escuchas una folía. Que te ata a ella con un hilo tricolor, a su mar y a sus ocho corazones de por vida.

Un treinta de mayo de un año cualquiera.

¡Feliz día de Canarias!

---

6   Palabra típica en Canarias que significa pena, lástima o desconsuelo por falta, pérdida o añoranza de algo, o por no haber hecho una cosa que hubiera redundado en beneficio propio.

Martina

A veces, la felicidad llega en forma de alma pura. De pequeños pies que dejan huellas en la arena, de rizos rubios y expresivos ojos, redondos como avellanas. A veces, la felicidad llega en forma de restos de galleta en el sofá, yogurt en el pelo y manchas de helado en la camiseta. A veces, la felicidad llega en forma de juegos en el suelo, torres inacabadas de legos y puzles a medio hacer con piezas marcadas boca abajo. A veces, la felicidad aparece en forma de risa o llanto al ver una película infantil o cuando toca bailar, cantar la canción de «La araña pequeñita» o recrear en su espalda «la de los elefantes y las hormiguitas».

A veces, la felicidad se manifiesta en un recuerdo al ver deditos marcados en el espejo, dibujos pegados en la nevera, lápices de colores con falta de afilar a mano, pegatinas que te encuentras por sorpresa en muebles y rincones, o cuentos infantiles entre mi particular biblioteca.

A veces, la felicidad es reír por todo, inventar historias o convertir imaginariamente un tobogán del parque en un castillo donde se venden helados.

A veces, la felicidad llega en forma de niña que ya hoy en día tiene casi seis años, que es todo desparpajo y que siempre me coge el brillo de labios.

La felicidad empieza por eme, se llama Martina y es mi sobrina. Tiene más empatía que muchos adultos que conozco, da lecciones de principios básicos y tiene una varita mágica que fabrica sonrisas; es mi pequeña Hermione.

Llegó con una misión bajo el brazo y un salvavidas para mí en el corazón. Por ella pongo mi empeño en reivindicar un mundo mejor.

La felicidad es cerrar los ojos a los problemas y volver a sentirme como una niña. Yo lo logro estando a su vera, y tan solo por eso estoy en deuda con ella.

Todo al rojo

Un veinticuatro de diciembre cualquiera.

De estreno sin lujo en una buena noche más que en una Nochebuena.

De rojo, que no «en rojo», como el semáforo que obliga a parar, la señal de *stop* o de prohibido. No, no es ese rojo.

No voy a pararme, voy a avanzar y mi curiosidad siempre hará que evite hacer caso a lo prohibitivo.

No, mi rojo es otro color. De sangre caliente, de carácter, fuerza y de temperamento ante lo adverso.

Del color de mis mejillas cuando se sonrojan, por timidez o vergüenza; alegría o risa; furia, llanto o decepción; por confianza o descaro, o simplemente al tomar una copa de vino, o más de dos.

Rojo, del carmín de mis labios cuando tengo un buen día, pero, sobre todo, cuando lo tengo malo. No hay nada mejor que aquello que te sienta bien para subir el ánimo en días bajos y comerte el mundo en días con brillo.

El rojo le sienta bien a mi luz, esté apagada o encendida, lleve un día de tormenta en la mente y cascadas en los ojos o salga a la calle de la mano de la alegría.

¿Y tú, tienes un color?

Yo voy con todo y, por supuesto, apuesto al rojo.

Me corono

Nunca mi sueño ha sido ser princesa, ni siquiera reina, pero en mi vida la que lleva la corona soy yo.

No juzgues mi camino porque tú nunca lo has transitado.

No critiques mi vaivén, ni mi baile, ni la manera de avanzar por el sendero que yo misma he elegido; puede ser el que más obstáculos tenga, pero es el más atractivo y menos frecuentado. No me gusta andar en línea recta, lo previsible y lo «obligatoriamente» establecido por la sociedad.

Los zapatos que elijo, mi forma de llevarlos, la altura de diez centímetros de tacón o ir en plano, para andar a ras de suelo o querer levitar un poco, para estar más cerca de la luna, brillar junto a las estrellas o simplemente rozar el cielo es decisión mía. En un sentido metafórico, no critiques mi forma de llevarlos porque tal vez tú no podrías ni calzarlos.

Yo soy la que escribe el guion, porta su mochila, con sus piedras incluidas, elige el pincel o, en momentos más duros, decide coger la brocha para pintar de nuevo el lienzo y dejarlo en blanco. Empezar de cero es sinónimo de ser resiliente. Soy la que elige los colores, decide si quiere o no tener compañía y, al cumplir años, he dejado atrás eso de preocuparme por lo que no importa y he creado más hueco para lo que aporta.

Soy la luz de mis días de brillo, pero no huyo de mi oscuridad si se hace en mí la noche. Sé hablar por escrito y observar en silencio. He sabido expresar sin voz, y por ello huyo de las dobles caras y de los charlatanes que solo hablan y nada escuchan.

Desde que descubrí el poder del coraje ya le hablo a los miedos de tú a tú, y, aunque les siga teniendo respeto, el cara a cara nos deja a la misma altura, por lo que sé que es posible persuadirlos para lograr vencerlos, cumplir sueños y crear nuevos retos.

Creo en quienes portan en su vida la magia, la lealtad, la empatía y el respeto.

Yo me corono en mi vida y, sea donde sea, para bien o para mal, nunca me dejo a medias ni me quedo a medio camino en ninguna de las estaciones del año, ni en esas en las que me subo a trenes que me ayudan a escribir y forjar mi destino.

CUADERNO DE A BORDO
EN UNA CUARENTENA

Marzo de 2020

Llegó una pandemia mundial para recordarnos que no somos invencibles ni tan importantes.

Llegó para darnos lecciones y recordarnos que, si no cuidamos nuestro planeta, el castigo de la naturaleza puede llegar a ser peor.

Llegó para señalarnos lo que verdaderamente importa y, sobre todo, lo que no.

Unos días antes, mis islas, Las Canarias, fueron testigo de la peor calima que se recuerda. Lo que vino después creo que ya lo sabes.

Durante este tiempo, para no perder el norte y expresar lo que sentía, escribí en un pequeño cuaderno todo lo que en mi cabeza acontecía. Quiero compartir contigo algunos de esos pensamientos, los que pueden leerse en estos momentos, que, aunque no haya acabado, espero que la situación sea mucho mejor que lo vivido en un año entre soledad, confinamientos y cuarentenas.

Congestión

El universo congestionó. La naturaleza lleva años llorando ante nosotros. El peligro más grande lleva campando a sus anchas desde hace mucho tiempo: el ego del hombre, con su pedestal de pacotilla pegado a unos pies que se creen inmortales. El planeta activa el color rojo, cual semáforo de grandes ciudades.

Las Afortunadas[7] amanecieron hace semanas con un cielo al que lamen lenguas gigantes de polvo anaranjado proveniente del desierto del Sáhara. Lo que vino después, no hace falta que lo relate.

El hombre, con su soberbia, cree que el planeta es suyo, que la Tierra le pertenece; ¿no ves, insensato, que es la tierra la que obró y quien nos vio nacer y al morir volveremos a ella?

El rojo se tornó ámbar, para alertarnos, para intermitentemente poner la luz cegadora antes nuestras pupilas. Una terrible sorpresa nos esperaba.

Y se intercambiaron los papeles. Ellos son libres y nos metimos en sus jaulas. Tus alas invisibles ya no se despliegan en casa, eso sí: porque no quieres, dado que existe una diferencia. El hombre es el animal racional, aunque lo dude muchas veces viendo el mundo girar plagado de (in)humanos inconscientes y desagradecidos habitantes.

---

7   Nombre con el que se conoce a las Islas Canarias y que encuentra su origen en la mitología griega.

Aprendamos a no sentir cárcel ni jaula en nuestros hogares; ya lo he dicho, somos los racionales, y darle la vuelta pedagógica a la cuarentena es lo más inteligente por nuestra parte.

Ellos ahora son libres, vuelven los caminos naturales, disfrazados de asfalto a llenarse de animales. Y el invierno roba protagonismo a la recién llegada primavera, dado que él estuvo relegado y su reinado ocupó un par de días en noviembre y cuando el turrón ya se había puesto en oferta.

Y volvió el aire frío, y respiramos desde nuestro ventanal o balcón pureza y brisa saludable. Y cayó la lluvia, y compruebo en mi insomnio coyuntural y recurrente que los pájaros, más numerosos, cantan mucho antes de que amanezca. Y se hizo el silencio, y se pararon los motores.

Los mares están más sanos y su flora y fauna respiran un oxígeno que fluye en un espacio más libre de plástico y de aceite; de alquitrán en la orilla de la playa; de colillas desechadas entre las piedras y esparcidas por la arena.

Y llegaron los cisnes, y se llenan de peces los canales. Y las aguas son más cristalinas, y se limpió el cielo de las Islas de calima y del filtro *vintage* propio de viejas fotografías y postales.

El ojo negro de la capa de ozono ya no se cree tan importante, y la polución que flota en las grandes ciudades ya no visten a los cielos celestes ni a las blancas nubes de un color gris ceniza, color que pinta el sonido de un réquiem.

Lo dicho, somos los racionales, recibimos como regalo esa virtud, y esto que ha pasado es una gran cura de humildad para toda la humanidad, para saber qué es lo importante, para afrontar de una vez cuál es nuestro lugar. Las individualidades nos alejan de ser empáticos, de ser humanos, solo creando un vínculo entre todos podemos ser más respetuosos con lo que hemos heredado.

Del rojo pasó al ámbar, del ámbar al verde, y todo esto ha ocurrido y nos ha dejado al margen del reinicio del sistema del planeta.

Espero que esta lección nos sirva, y que de los peces aprendamos a nadar en bandada y no tomemos el ejemplo de su memoria efímera. No somos infinitos, no somos lo más importante, pero, todos unidos para lo bueno, haremos mucho más que unos pocos haciendo barbaridades. Demos gracias por lo que tenemos. La naturaleza es nuestra madre, y el planeta Tierra es nuestro hogar.

¿Y si bailamos?

¿Y si bailamos?

No veo la televisión, es más, casi nunca enciendo el televisor. Él me mira sintiéndose ya un obsoleto objeto de decoración, pero celoso de mi viejo transistor, ese que mi padre me regaló y me acompaña cuando la radio quiero escuchar. No quiero saber más de lo necesario. No quiero enfermar de ese otro virus que se instala en la mente y merma la vida en esta obligada cuarentena, sobre todo si la pasas a solas.

La sugestión está en forma estos días y ha conseguido no solo flirtear, sino también ligarse a aquel que se deja hipnotizar con exceso de información y con su discurso del miedo. Yo también me preocupo y tengo miedo, pero no voy a darle más poder. Ya tenemos bastante, ya el calendario se ha vuelto eterno, ya el mes de marzo, para muchos, superó con creces la treintena. Dejando a un lado «piedras nuevas», he reflexionado sobre muchas cosas y yo no quiero que vuelva la normalidad conocida. Quiero que vuelva la vida, pero con una actualización mejorada.

Escucho música, leo mucho o, mejor dicho, estoy devorando letras. Aprendo cosas nuevas y nunca queda saciada mi curiosidad. Me sigo formando y, también, claro está, me paro, dejo de estar activa y me siento, sin más. Aburrirse tampoco es malo; así da qué pensar.

Y, ¿sabes algo que me apetece mucho? ¡Salir a bailar!, aunque, bueno, eso ya lo hago a solas sin problema. Bailando uno entra en ritmo con las cosas, el cuerpo elige cómo vibrar. Mientras, la mente, la consciencia del yo está enfocada en el movimiento y se relaja. Nietzsche y Sócrates, sí, los filósofos, encontraron en el baile una forma de felicidad. La obra de Nietzsche está llena de personajes que bailan. Sócrates se dio cuenta de que un cuerpo es mucho más hermoso cuando está en movimiento que cuando está en reposo. ¿Sabías que él aprendió a bailar ya en la vejez?

El baile está considerado una de las grandes manifestaciones del libre albedrío, y ¿a que es una maravilla sentir toda la libertad del cuerpo cuando lo practicas?

¡Claro que sí!

Entonces, ¿te parece si bailamos?

«Aquellos que eran vistos bailando eran considerados locos por los que no podían escuchar la música».

Friedrich Nietzsche.

Lecciones del veinte

La soledad elegida comienza a confundirse con la casi impuesta, y yo soy un animal social a la par que coqueteo con la soledad; esta me conquista en muchas ocasiones. Intento ponerlas de acuerdo para evitar volverme una ermitaña en «mi planeta», donde me pierdo gratamente entre apuntes, música, libros, colores y mi ordenador. Podría estar metida en ellos días y días, aunque también me guste socializar.

El 2020 ha venido a darnos lecciones, pero voy a entrar en algo más personal. Una vez que eres consciente de algo, ya no puedes mostrarte indiferente, y yo me di cuenta de que existe una dinámica ya desgastada en este mundo, y que limitarme a esperar sentada lo que una vez fue era una estupidez.

Yo no soy la misma desde hace unos años, por tanto, esto me iba a seguir transformando. Este es el año en el que todo pasa y nada ocurre, no sé si me entiendes. Es lineal al no existir mucho margen de movimiento, de cualquier tipo, pero ha sido un seísmo interior.

La templanza ha ganado la batalla a mi nerviosismo e impaciencia y estoy agradecida por ello: ¡por fin! Solo con calma se puede «ver» bien, se puede pensar «fuera de la caja» y crecer. Eso sí: esto es un trabajo interno brutal y nunca te gradúas del todo.

¿Recuerdas a Peter Pan? Él huía de su propia sombra. No quería crecer ni aceptar la responsabilidad de ver su universo interior: negaba quién era realmente.

Yo me he sentado con mi sombra y la he mirado de frente; prefiero tenerla de mi lado. Le dije que teníamos que buscar la estabilidad emocional, darnos seguridad, trabajar la vulnerabilidad, cortar los hilos y malas vibras ajenas y creer en nosotras. Todo esto sin recurrir en ningún momento a algún recurso externo; eso es un error. Créeme, si nos conocemos, si nos queremos, crecemos, y, cuando eso ocurre, ya puede venir todo lo demás.

Todos tenemos luces y sombras, y quien diga que no miente. El autoconocimiento es primordial para ser feliz y lograr lo que queremos en la vida. El niño Peter Pan creía que perdería la magia y no podría volar si crecía. Yo creo que la magia crece cuando te conoces, y eso, Peter, sí que te permite volar.

La importancia de los labios

¿Sabes cuáles son las dos mejores cosas que puedes hacer con los labios? Sonreír y besar.

Algo tan simple y necesario, algo tan cotidiano y natural es casi inexistente hoy en día. Si lo piensas, es acción y verbo prohibido en público y si lo conjugas en presente.

Los besos son aplacados; los que das, si te atreves, censurados, como si dejasen una huella de la letra escarlata de la puritana Inglaterra de principios del siglo XVII. No hay libertad para regalarlos. La espontaneidad del beso en la mejilla que, en mi caso, si es invierno, al recibirlo puedes notar que mi nariz está fría.

El cariño del que das en la frente, la ternura cuando le acompaña un abrazo; el beso ardiente cuando rozas otros labios; el pasional, que… bueno, no creo que tenga que explicártelo. Los besos son besos, y digan lo que digan, solo pueden darlos unos labios.

Y, ¿qué me dices de las sonrisas?

Hay personas con la sonrisa tan bonita que son capaces de hacerme sonrojar si me la dedican. Yo soy de las que se queda embelesada, unos segundos, minutos, el tiempo que duren; para mí pueden llegar a tener el mismo poder que una mirada. Ahora se cotizan a la baja dado que no se ven, no se esperan y se esconden entre cortinajes opacos de celulosa, filtros y telas decoradas; pero están ahí, se sienten, se imaginan. ¿A que sí?

Ayer me crucé por mi casa con el niño del parque. Tiene unos dos años y siempre pasea con su padre; cuando me ve, me mira fijamente con sus bonitos ojos almendrados. Yo siempre lo saludo, pero aún no lo había vuelto a ver desde el fatídico marzo. Puse todo mi empeño en que supiera que lo saludaba y le sonreía, aunque no me escuchase ni me viese los labios; no sabía si él sería capaz de apreciarlo.

Si ves que te miro y mis ojos se vuelven achinados es por un motivo: te estaré sonriendo, y cuanto menos aprecies el color de mi iris, mayor es mi sonrisa.

Si me la devuelves, sabré que tú también me sonríes desde el otro lado.

¡Ah! ¿Sabes qué hizo el niño del parque? Me devolvió la sonrisa.

El último baile

A mis amigas

Noviembre de 2020

Otro viernes sin salir a bailar. ¿El último? Pues en el diecinueve, antes del seísmo del veinte.

Echo de menos bailar fuera de casa, libre, sin medir distancias, perdiendo los modales, aunque, eso sí, sin perder los papeles. Cogernos de la mano, saludar con descaro, verte reír a carcajadas cuando pierdo la vergüenza y que seamos cómplices de momentos para recordar.

Sonrisas amables, miradas furtivas, pasos de baile inventados, bromas y ocurrencias varias que, probablemente, acaben siendo noticia al día siguiente después del «buenos días» del grupo de amigas.

Echo de menos saltar incluso en los días que olvido que llevo los zapatos con el tacón más alto. Sí, es cierto, nunca caigo al suelo las noches que decido calzarlos, como si la euforia del momento permitiese que no solo mi mente flote, sin que la gravedad me llame en un «cuerpo a tierra».

Garitos, bares, conciertos y festivales; al aire libre o en recintos con bullicio agradable; de día, de noche o mientras somos testigos de cuando el sol, ya de retirada, se despide y entra triunfante la luna. Puestas de sol o focos de luz tenue; bombillas de colores o neones fluorescentes; música en directo, pantallas con efectos visuales y hasta en celebraciones íntimas, pero sin lista de asistencia ni limitar el aforo a tan solo los dedos de las manos.

Querido 2020, sí, me gusta la soledad, pero ya lo sabes, no soy una solitaria; soy animal social y me gusta bailar. Has sido, como diría Leiva, «terriblemente cruel», pero tu influencia no «se me fue de las manos» ni «se me está secando la imaginación».

Te queda poco para acabar tu reinado y aún es pronto, pero he de decir que tal vez tenga algo que agradecerte, porque, sí, es cierto, lo más importante hoy en día no es poder salir a bailar, sino que te cuides, y que yo también lo haga: eso es lo que tenemos que hacer. Pero yo escribo con naturalidad, desde lo que pienso, lo que siento, y, sobre todo, desde la emoción; así que tenía que decírtelo.

Y a ti, que me lees, darte de nuevo las gracias y decirte que, desde que vuelvan los abrazos, sabremos que volveremos a bailar en público. ¿Te apetece? Pues cuídate mucho y compartiremos el primer baile. Yo prometo que también lo haré.

Lo que me debes

31 de diciembre de 2020

Me debes un verano, uno de esos en los que cierro los ojos y huelo a perfume cercano. De esos en los que no piense ni en uno ni en dos metros cuadrados. Un verano al sol, sin líneas en el suelo, distancias en la arena ni equis sin emoción; uno sin alejarme de alguien sobre las piedras si me lo encuentro en una playa por sorpresa.

Me debes un verano, de juego de niños, sonrisas sin secretos, guiños acompañados de unos labios y abrazos que no caduquen en segundos. Uno en el que los codos los utilice para apoyarlos y sostener mi cabeza mientras escucho curiosa lo que me cuentan.

Me debes una caricia del viento en todo mi rostro; nada de medias tintas ni disfrutar a medias. Reuniones sin dedos contados y conversaciones cara a cara; nada como el sonido de la risa, el timbre de una voz y la emoción del directo. En el teatro, con o sin compañía, no quiero sentir soledad al no compartir de cerca el calor de un aplauso, ni poder, conmovida, susurrar al oído.

Me debes un año de conciertos y festivales. ¡Sí, me lo debes!, sin bailar sentada o aplacar mis ganas hasta hacerlo libremente en la pista que improviso en el salón de casa. Elegir mis cartas y no jugar al juego que me has impuesto limitando mis opciones.

Has ralentizado mi marcha, pero no podrás pararme los pies. Desordenaste mi mente; ahora he colocado de nuevo sus piezas de una forma más inteligente. He llegado a perder la voz, pero… querido mío, jamás podrás dejarme sin palabras; cuando no escribo o estoy en silencio es porque cojo aliento.

Al 2021 no le pediré nada: solo que me traiga lo que era para mí.

Reconozco que he crecido mucho con lo que me has enseñado, pero no te había dado aún las gracias, dado que podrías traer alguna nueva sorpresa. Todavía no había terminado tu reinado.

Me debes un perdón, girarte y darme un beso en la mejilla desde que la última campanada te despida en Nochevieja. Yo, a pesar de todo, te perdonaré. No es lo mío guardar rencor; eso sí, recuerda esto: nunca podrás robarme las palabras ni arrebatarme las ganas.

Esa soy yo.

Adiós, 2020.

Hola, 2021. ¿Hablamos?

Sobre la autora

Teba Martín Suárez. Nacida un 9 de junio en Las Palmas de Gran Canaria, esta mujer de mente inquieta y curiosidad en vena descubrió desde muy joven que lo suyo eran las letras, y su formación, tanto académica como autodidacta, siempre ha sido en torno a ellas. Amante de la literatura y melómana, cree en la magia de la imaginación y en el poder de las palabras. Escribir es su manera de expresar y transmitir tanto lo que nace de su lado creativo como la realidad misma. Parte de lo que hasta ahora solo compartía con un círculo muy reducido de su confianza hoy ve la luz en su primer libro. Ella ya sabía el «qué» quería en la vida y ahora ha descubierto el «cómo» lograrlo.

Índice

SOBRE MÍ

CUADERNO DE A BORDO EN UNA CUARENTENA

9 788418 912269